초급 한국어 1

발간사

2004년에 개교한 사이버한국외국어대학교는 한국에서 유일한 온라인 외국어교육 특성화 대학으로 2007년에 국내외 외국인에게 한국어를 교육할 수 있는 전문 한국어 교원 양성을 목적으로 한국어학부를 열었습니다. 한국어학부는 창과 이래 해외한국어교육 실습과 교수진의 해외 한국어 교원 대상 특강 등을 활발히 이어 왔으며, 그 과정에서 온라인을 통한 한국어 학습 요구가 높음을 확인하였습니다. 또한 국내 이주민 단체와 해외 협력 대학의 적극적인 요청에 힘입어 2018년 외국인 전용 전공인 '실용 한국어' 과정을 신설하였습니다. 한국어학부는 현재 외국어로서의 한국어 교육 전공과 한국어 전공 두 개의 전공을 운영하고 있으며, 2025년 현재 한국어 전공에는 15개국 200여 명의 외국인 학생들이 한국어를 학습하고 있습니다.

사이버한국외국어대학교 한국어학부의 한국어 학습 콘텐츠(VOD)는 한국어 전공 학생 이외에 사이버한국외국어대학교와 교류하고 있는 해외 대학 한국어 전공 학생들에게도 학점 교류 형태로 제공되고 있습니다. 한국어학부 교수진은 이 학생들의 한국어 학습을 적극적으로 지원하고자 VOD와 함께 사용할 수 있는 출판물 형태의 교재 개발을 기획하였고 한국어 전공 교육과정 중 초급1, 초급2, 중급1, 중급2, 고급1, 고급2의 교과목에서 다루는 내용을 바탕으로 이 교재를 개발하였습니다.

이 교재는 다음과 같은 특성을 가집니다.

첫째, 각 권이 16개 단원으로 구성되어 대학 기관에서 수업용 교재로 활용하기에 적합합니다. 대학부설 한국어교육기관과 달리 일반적으로 14주~16주로 구성된 학기 운영을 하는 대학 수업에 맞게 단계별로 16개 단원으로 교육 내용이 구성되었습니다.

둘째, 교재의 내용이 동영상 강의와 연계되어 있어 혼합학습(Blended Learning)과 거꾸로 학습(Flipped Learning)으로 교수학습 활동을 운영할 수 있습니다. 혼합학습은 학습 내용에 대한 이해를 충분히 하고 무한 반복 학습을 가능하게 하여 완전 학습을 이끌 수 있습니다. 또 거꾸로 학습은 학습 내용을 바탕으로 교실에서는 의사소통 중심에 초점을 맞춘 활동을 가능하게 할 수 있습니다.

셋째, 언어 학습의 전형적인 단계인 '이해'와 '사용'의 순서로 학습 내용이 배열되어 있어 교사의 수업 구성이 용이합니다. 어휘와 문법을 학습하고 문법의 규칙을 익히는 연습 활동, 그리고 학습한 것을 활용하여 수행하는 언어 활동의 순으로 학습 순서가 구성되어 있습니다.

넷째, 의사소통 능력과 언어 정확성을 모두 고려하여 형태와 의미에 초점을 둔 학습을 구성하였습니다. 의사소통 상황 속에서 자연스럽게 의미를 전달하는 능력을 기를 수 있도록 열린 과제 수행을 통해 학습 어휘와 문법을 통합적으로 이용할 수 있습니다.

다섯째, 풍부한 어휘 확장이 가능하도록 어휘 제시를 설계하였습니다. 주제 연관어뿐만 아니라 의미적 연관성에 따라 긴밀하게 연상 가능한 어휘들을 조직화하여 제시하고 연습에 이용할 수 있도록 함으로써 학습자들이 다양한 어휘들을 접하고 사용할 수 있습니다.

이 교재가 나오기까지 기획에서 집필, 그리고 교정 등의 모든 과정에서 함께 고민하고 수고를 아끼지 않으신 사이버한국외대의 교수진께 깊은 감사를 드립니다. 또한 어려운 출판 환경에서도 출판을 허락하여 주신 도서출판 하우의 박민우 대표님께 진심으로 감사를 드립니다. 보이지 않는 곳에서 삽화와 편집으로 애쓰신 하우의 관계자 여러분께도 감사의 마음 전합니다. 이 교재가 국내외에 흩어져 외롭게 한국어를 공부하고 있는 많은 학습자들에게 든든한 도우미가 되기를 바랍니다.

고맙습니다.

2025년 12월

저자 대표 진정란

일러두기

『초급 한국어』는 한국어 초급 학습자를 대상으로 일상생활에서 기본적인 의사소통을 할 수 있는 능력을 기를 수 있도록 구성된 교재입니다. 인사, 소개, 가족, 일상생활, 쇼핑, 여가 등 학습자가 실제 생활에서 자주 접하는 주제를 중심으로 필수 어휘와 표현을 익히고, 이를 다양한 상황 속에서 활용할 수 있도록 단계적으로 설계되었습니다.

교재 구성 및 활용 대상

이 교재는 총 16개 단원으로 구성되어 있으며, 일반적인 대학의 한 학기(15~16주) 수업 일정에 맞추어 개발되었습니다. 따라서 국내외 대학의 한국어 수업에서 주 교재 또는 보조 교재로 활용하기 적합합니다.

교재 구성의 특징

- 1과~7과, 9과~14과의 각 단원은 도입, 어휘·표현, 문법, 대화, 활동(배운 어휘와 문법을 활용한 표현 활동)으로 이루어져 있습니다.
- 8과와 15과는 복습 단원으로 이전 단원에서 학습한 내용을 확인할 수 있는 연습 문제와 함께 한국의 문화를 소개하는 읽기 자료가 포함되어 있습니다.
- 16과는 한국어능력시험(TOPIK)의 읽기 문제 형식을 응용한 단원으로, 수준별 읽기 능력을 점검하고 평가할 수 있도록 구성되어 있습니다.

온라인 연계 활용

이 교재는 강의자의 설명과 학습 연습이 포함된 온라인 콘텐츠와 함께 사용할 수 있도록 개발되었습니다. 따라서 온라인과 오프라인 수업을 병행하는 하이브리드형 교재로 활용할 수 있으며, 온라인 콘텐츠와 함께 사용할 경우 자가학습용 교재로도 적합합니다.

● 단원별 구성

도입

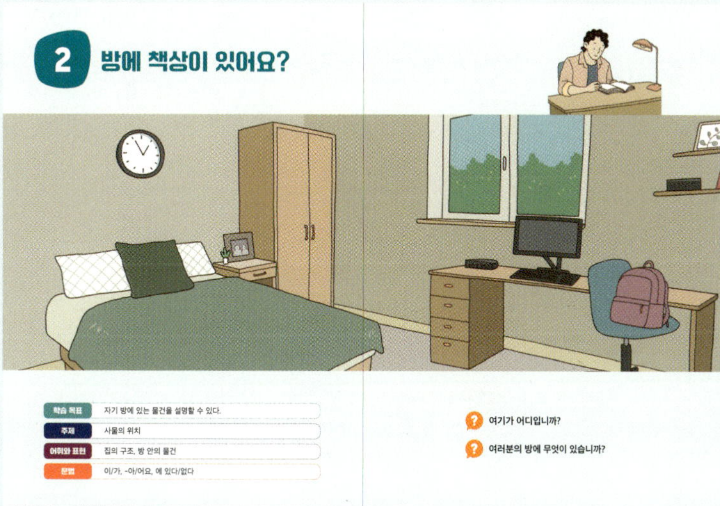

주제와 관련된 그림과 질문으로 단원의 내용을 미리 생각해 보고, 말하기 연습을 할 수 있습니다.

어휘 · 표현

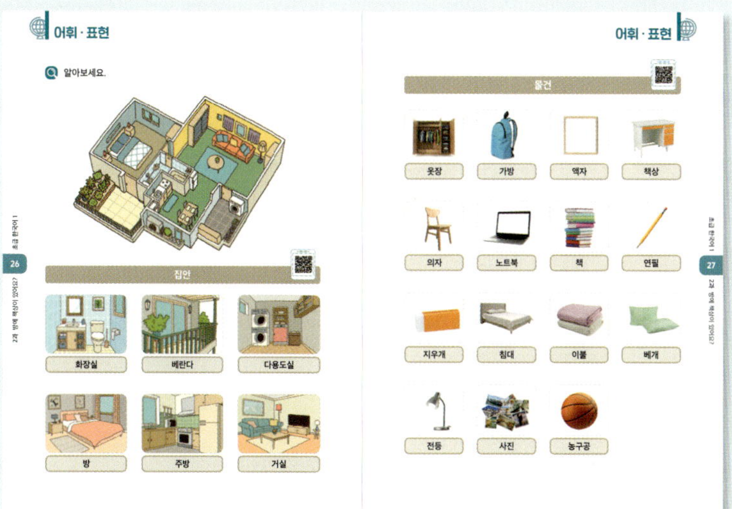

어휘•표현에서 주제와 관련된 핵심 어휘를 학습합니다. 그림과 함께 제시하여 어휘의 의미를 파악할 수 있고 연습 문제를 통해 학습한 어휘를 확인할 수 있습니다.

문법

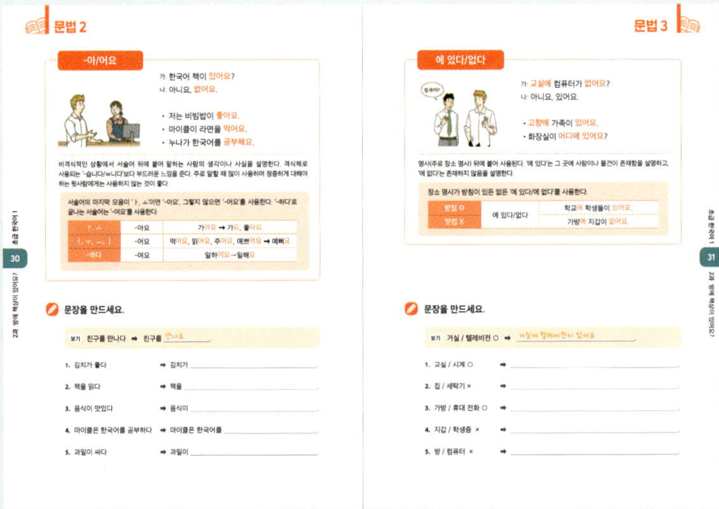
문법 2

-아/어요

가: 한국어 책이 있어요?
나: 아니요, 없어요.

- 저는 비빔밥이 좋아요.
- 마이클이 라면을 먹어요.
- 누나가 한국어를 공부해요.

비격식적인 상황에서 서술어 뒤에 붙어 말하는 사람의 생각이나 사실을 설명한다. 격식체로 사용되는 '-습니다/ㅂ니다'보다 부드러운 느낌을 준다. 주로 말할 때 많이 사용하며 정중하게 대해야 하는 윗사람에게는 사용하지 않는 것이 좋다.

서술어의 마지막 모음이 'ㅏ, ㅗ'이면 '-아요', 그렇지 않으면 '-어요'를 사용한다. '-하다'로 끝나는 서술어는 '-여요'를 사용한다.

ㅏ, ㅗ	-아요	가아요 → 가요, 좋아요
ㅓ, ㅜ, ㅡ, ㅣ	-어요	먹어요, 읽어요, 주어요, 예쁘어요 → 예뻐요
-하다	-여요	일하여요→일해요

문장을 만드세요.

보기 친구를 만나다 ➡ 친구를 만나요.

1. 김치가 좋다 ➡ 김치가 ______.
2. 책을 읽다 ➡ 책을 ______.
3. 음식이 맛있다 ➡ 음식이 ______.
4. 마이클은 한국어를 공부하다 ➡ 마이클은 한국어를 ______.
5. 과일이 싸다 ➡ 과일이 ______.

30 초급 한국어 1 2과 방에 책상이 있어요?

문법 3

에 있다/없다

가: 교실에 컴퓨터가 없어요?
나: 아니요, 있어요.

- 고향에 가족이 있어요.
- 화장실이 어디에 있어요?

명사(주로 장소 명사) 뒤에 붙어 사용된다. '에 있다'는 그 곳에 사람이나 물건이 존재함을 설명하고, '에 없다'는 존재하지 않음을 설명한다.

장소 명사가 받침이 있든 없든 '에 있다/에 없다'를 사용한다.

받침 O	에 있다/없다	학교에 학생들이 있어요.
받침 X		가방에 지갑이 없어요.

문장을 만드세요.

보기 거실 / 텔레비전 ○ ➡ 거실에 텔레비전이 있어요.

1. 교실 / 시계 ○ ➡ ______.
2. 집 / 세탁기 × ➡ ______.
3. 가방 / 휴대 전화 ○ ➡ ______.
4. 지갑 / 학생증 × ➡ ______.
5. 방 / 컴퓨터 × ➡ ______.

31 초급 한국어 1 2과 방에 책상이 있어요?

단원의 문법 항목이 3개 제시되어 있으며 예문과 연습 문제를 통해 문법을 익힙니다. 그림과 예문을 통해 문법의 의미와 사용되는 상황을 이해할 수 있습니다.

대화

대화를 잘 들으세요.

유 진: 다카시 씨는 기숙사에 살아요?
다카시: 네, 맞아요.
유 진: 기숙사 방에 책상이 있어요?
다카시: 네, 책상하고 침대가 있어요.
유 진: 컴퓨터도 있어요?
다카시: 아니요, 컴퓨터는 없어요.

질문에 대답하세요.

1. 다카시 씨는 어디에 살아요?
2. 다카시 씨의 방에 무엇이 있어요?

33 초급 한국어 1 2과 방에 책상이 있어요?

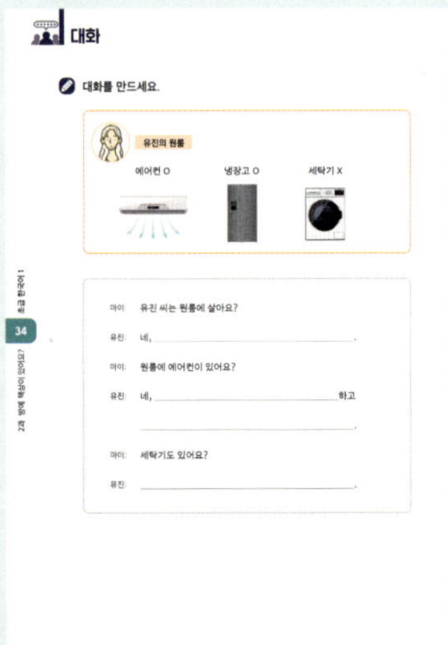
대화

대화를 만드세요.

유진의 원룸
에어컨 O 냉장고 O 세탁기 X

마이: 유진 씨는 원룸에 살아요?
유진: 네, ______.
마이: 원룸에 에어컨이 있어요?
유진: 네, ______하고 ______.
마이: 세탁기도 있어요?
유진: ______.

34 초급 한국어 1 2과 방에 책상이 있어요?

대화

학습한 어휘와 문법이 사용된 실용적인 대화를 통해 맥락 속에서 표현을 이해합니다. 대화문과 함께 제공되는 음원을 들으며 대화를 연습할 수 있습니다. 대화를 들은 후 질문을 통해 내용을 다시 확인할 수 있습니다. 주어진 대화를 응용하여 다양한 상황에서의 대화를 만들며 확장된 연습을 할 수 있습니다.

활동

활동

써 보세요.

1. 자기의 방을 그리세요.

2. 방에 무엇이 있어요? 쓰세요. 그리고 이야기하세요.

확인 점검

사물의 이름을 이야기할 수 있다.

자기 방에 있는 물건을 설명할 수 있다.

실제적인 의사소통 능력을 기를 수 있도록 주제에 맞는 활동이 구성되어 있습니다. 실제적인 과제 수행을 통해 학습한 어휘와 문법을 다양하게 사용할 수 있습니다.

마지막으로 확인 점검을 통해 학습한 내용을 정리하며 단원 목표 달성 여부를 스스로 점검할 수 있습니다.

교재 구성표

단원	단원명	학습목표	주제	어휘와 표현
1과	저는 민수예요	자기를 소개할 수 있다.	자기소개	국적, 직업
2과	방에 책이 있어요?	자기 방에 있는 물건을 설명할 수 있다.	사물의 위치	집의 구조, 방 안의 물건
3과	여덟 시에 출근해요	하루의 일과를 시간에 따라 설명할 수 있다.	일과 생활	숫자와 시간, 일상생활
4과	친구를 만났어요	과거에 일어난 일을 표현할 수 있다.	지난 주말	장소, 과거 시간 표현
5과	영화를 볼 거예요	자신의 계획을 말할 수 있다.	주말 계획	여가 활동, 교통 수단
6과	부산에서 제주까지 배로 갈 거예요	휴가 계획을 설명할 수 있다.	여행 일정	날짜와 요일, 휴가 활동
7과	아버지께서 키가 크시네요	가족에 대해 이야기할 수 있다.	가족	가족 호칭, 외모를 설명하는 표현
8과	문화와 복습 1	한국의 인사 예절에 대해 이해할 수 있다.	문화와 복습	1~7과 어휘와 표현 복습
9과	값도 비싸지 않고 맛있어요	제안하는 대화를 할 수 있다.	한국 음식의 맛	맛 표현, 빈도 부사
10과	유진 씨는 스케이트를 탈 수 있어요?	권유하는 대화를 할 수 있다.	취미	운동, 날씨 표현
11과	민수 씨한테 예쁜 꽃을 주고 싶어요	선물의 특징을 설명할 수 있다.	기념일	기념일의 종류, 선물
12과	우리 집에 놀러 올래요?	초대하는 대화를 할 수 있다.	약속	초대와 약속, 연락
13과	한국 사람 집을 방문할 때 주의할 게 있어요?	금지와 의무를 표현할 수 있다.	생활 예절	예절, 문화 차이
14과	바빠서 장을 보지 못했어요	이유와 부정 표현을 사용할 수 있다.	장보기	장보기, 단위 명사
15과	문화와 복습 2	한국의 식사 예절에 대해 이해할 수 있다.	문화와 복습	9~14과 어휘와 표현 복습
16과	종합연습	-	종합 연습	공인한국어시험 어휘와 표현 연습

문법			활동	발음
이에요/예요	입니까?/입니다	은/는	블로그에 자기소개 글 쓰기	-
이/가	-아/어요	에 있다/없다	방에 무엇이 있는지 쓰고 말하기	-
을/를	(시간)에	-습니다/습니까?	하루 생활을 소개하는 글 쓰기	-
(장소)에서	-았/었-	-(으)러	주말 이야기를 쓰고 말하기	-
-아/어서(계기)	-(으)ㄹ 것이다	-고	주말에 할 일 쓰기	-
(명사)에서 (명사)까지	(으)로	-(으)ㄴ 후에	여행 계획을 쓰고 말하기	-
-(으)시-	-네(요)	-고 싶다	가족을 소개하는 글 쓰기	-
1~7과 문법 복습			자기 나라와 한국의 인사 예절에 대해 말하기	한국어의 받침 발음1(홑받침)
-(으)ㄹ까요?	-지 않다	-(으)ㄹ게요	블로그에 음식 추천하는 글 쓰기	-
-(으)ㄹ 수 있다	-아/어 보다	-(으)세요	취미를 소개하는 글 쓰기	-
에게/한테	-(으)ㄴ/는 (명사)	-지요?	자기 나라의 기념일을 소개하는 글 쓰기	-
-고 있다	-(으)면	-(으)ㄹ래요	생일에 초대하는 글 쓰고 말하기	-
-(으)ㄹ 때	-아/어야 하다	-(으)면 안 되다	한국인이 자기 나라 방문할 때 주의할 것에 대해 쓰기	-
-아/어서(이유)	-지 못하다	-지만	장보기에 대해 쓰고 말하기	-
9~14과 문법 복습			자기 나라와 한국의 식사 예절에 대해 말하기	한국어의 연음 규칙1(홑받침)
공인한국어시험 문법 연습			-	-

차례

1 저는 민수예요

학습 목표	자기를 소개할 수 있다.
주제	자기소개
어휘와 표현	국적, 직업
문법	이에요/예요, 입니까?/입니다, 은/는

이 사람들은 누구입니까?

여러분은 자기소개를 할 수 있습니까?

어휘 · 표현

알아보세요.

나라

- 캐나다, 미국, 멕시코, 브라질
- 영국, 프랑스, 독일, 이탈리아, 러시아, 튀르키예
- 이집트, 이스라엘, 사우디아라비아, 나이지리아
- 중국, 일본, 베트남, 태국, 인도네시아, 카자흐스탄
- 호주, 뉴질랜드

직업

선생님

학생

의사

간호사

통역사

가수

요리사

회사원

승무원

운동 선수

단어를 쓰세요.

베트남		베트남		
중국		중국		
인도네시아		인도네시아		
일본		일본		
러시아		러시아		
독일		독일		
미국		미국		
이집트		이집트		

연결하세요.

선생님 · 학생 · 통역사 · 가수 · 회사원 · 요리사

문법 1

이에요/예요

가: 안녕하세요? 저는 김민수예요.
나: 저는 이유진이에요. 반가워요.

- 저는 마이클이에요. 운동선수예요.
- 동생은 요리사예요.

비격식적인 상황에서 명사 뒤에 붙어 명사를 설명한다. 설명할 때는 '이에요/예요.'를 사용하고 질문할 때 는 '이에요/예요?'를 사용한다.

받침이 있는 명사에는 '이에요', 받침이 없는 명사에는 '예요'를 사용한다.

받침 O	이에요	유진이에요.
받침 X	예요	민수예요.

문장을 만드세요.

보기 학생________. ➡ 학생 이에요.
가수________. ➡ 가수 예요.

1. 저는 의사________.
2. 민수는 회사원________.
3. 저는 선생님________.
4. 마이클은 운동선수________.
5. 동생은 요리사________.

입니다/입니까?

가: 학생입니까?
나: 네, 학생입니다.

- 저는 한국 사람입니다.
- 민수 씨는 학생이 아닙니다. 회사원입니다.

격식적인 상황에서 명사 뒤에 붙어 명사를 설명한다. 설명할 때는 '입니다.'를 사용하고 질문을 할 때는 '입니까?'를 사용한다.

받침이 있는 명사나 없는 명사 모두 '입니까, 입니다'를 사용한다.

질문	입니까?	학생입니까?
대답	입니다.	학생입니다.

문장을 만드세요.

보기 의사

➡ Q: 의사입니까? A: 네, 의사입니다.

1. 경찰관

Q: ____________________? A: 네, ____________________.

2. 연예인

Q: ____________________? A: 네, ____________________.

3. 간호사

Q: ____________________? A: 네, ____________________.

4. 승무원

Q: ____________________? A: 네, ____________________.

5. 미용사

Q: ____________________? A: 네, ____________________.

문법 3

은/는

가: 유진 씨는 직업이 무엇입니까?
나: 저는 의사입니다.

- 마이는 통역사입니다.
- 마이클은 선생님이에요.

명사에 붙어 그 명사가 문장의 주제임을 나타낸다. '명사+은/는' 뒤에 오는 내용은 그 명사를 설명하는 내용이다.

받침이 있는 명사에는 '은', 받침이 없는 명사에는 '는'을 사용한다.

받침 O	은	선생님은
받침 X	는	저는

알맞은 말을 고르세요.

보기 저(☐은 ☑는) 학생이에요.

1. 마이클(☐은 ☐는) 선생님이에요.
2. 민수(☐은 ☐는) 회사원이에요.
3. 아흐메드(☐은 ☐는) 이집트 사람입니다.
4. 마이(☐은 ☐는) 베트남 통역사입니다.
5. 유진(☐은 ☐는) 의사입니다.

문장을 만드세요.

보기 저 / 미국 사람

➡ 저는 미국 사람이에요. / 저는 미국 사람입니다.

1. 마이클 / 호주 사람

➡ ______________________.

2. 마이 / 대학생

➡ ______________________.

3. 흐엉 / 베트남 사람

➡ ______________________.

대화를 만드세요.

보기 가: 안녕하세요? 저는 김민수예요. (흐엉)

나: 저는 흐엉이에요. 반가워요.

1. 가: 인도 사람이에요? (인도네시아)

나: ______________________.

2. 가: 마이클은 미국 사람입니까? (호주 사람)

나: ______________________.

3. 가: 직업이 무엇입니까? (회사원)

나: ______________________.

대화

대화를 잘 들으세요.

김민수: 안녕하세요? 저는 김민수입니다.

마 이: 반갑습니다. 저는 마이예요.

김민수: 마이 씨는 어느 나라 사람이에요?

마 이: 저는 베트남 사람이에요. 민수 씨는 회사원이에요?

김민수: 네, 저는 회사원입니다.

질문에 대답하세요.

1. 민수 씨는 학생입니까?

2. 마이 씨는 어느 나라 사람이에요?

대화를 만드세요.

유진

국적 - 러시아

직업 - 의사

마이클

국적 - 미국

직업 - 선생님

유 진: 안녕하세요? 저는 ____________________.

마이클: 안녕하세요? ____________________.

____________________ 사람이에요.

유 진: 반갑습니다. ____________________ 씨는

____________________?

마이클: 아니요, 저는 ____________________.

____________________ 씨는요?

유 진: 저는 ____________________.

활동

읽어 보세요.

1. 읽으세요.

안녕하세요?

저는 히엔입니다.

베트남 사람이에요.

저는 하노이 사람입니다.

저는 대학생이에요.

제 전공은 한국어입니다.

2. 다음을 쓰세요.

(1) 이름이 무엇입니까?

(2) 어느 나라 사람입니까?

(3) 선생님입니까?

써 보세요.

1. 보기와 같이 자기 정보를 쓰세요.

보기
이름 : 유진 패터슨
직업 : 의사
국적 : 러시아

이름: ______________________

직업 : ______________________

국적: ______________________

2. 블로그에 자기소개를 쓰세요.

확인 점검

자기소개를 할 수 있다.	☐	☐	☐
다른 사람을 소개할 수 있다.	☐	☐	☐

2 방에 책상이 있어요?

학습 목표	자기 방에 있는 물건을 설명할 수 있다.
주제	사물의 위치
어휘와 표현	집의 구조, 방 안의 물건
문법	이/가, -아/어요, 에 있다/없다

여기가 어디입니까?

여러분의 방에 무엇이 있습니까?

어휘 · 표현

알아보세요.

집안

화장실

베란다

다용도실

방

주방

거실

어휘 · 표현

물건

옷장

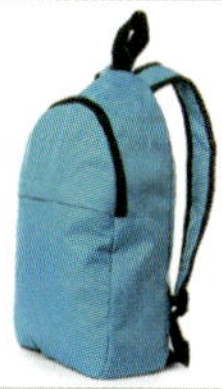
가방

액자

책상

의자

노트북

책

연필

지우개

침대

이불

베개

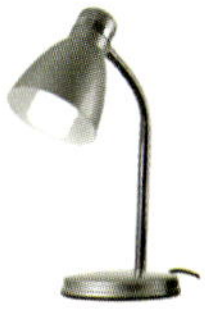
전등

사진

농구공

어휘 · 표현

연결하세요.

- 방
- 주방
- 거실
- 화장실
- 다용도실

단어를 쓰세요.

옷장　　침대　　가방　　책상　　의자

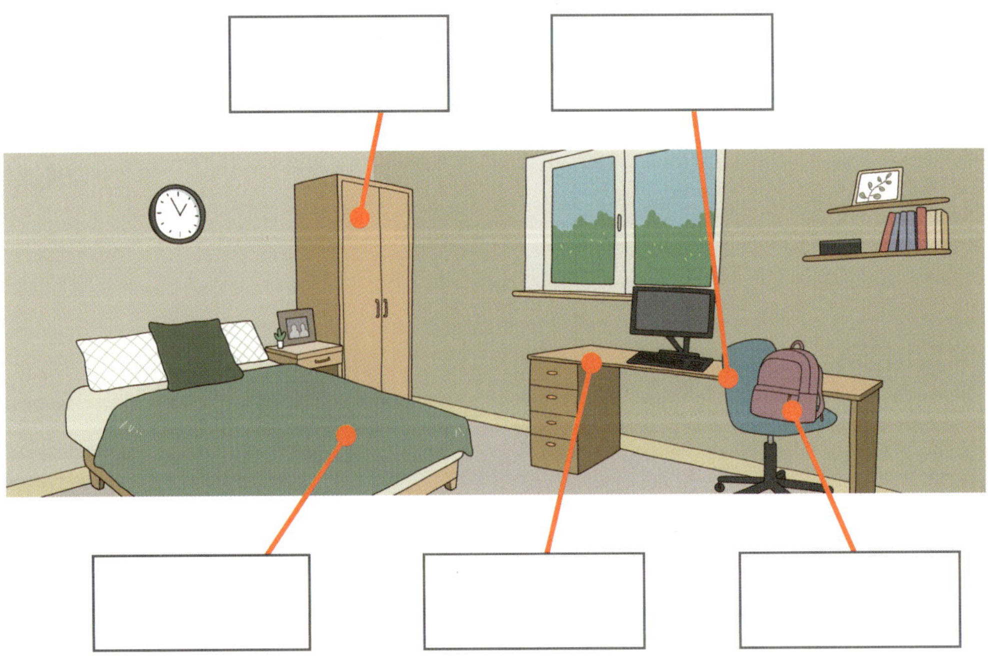

이/가

가: 마이클이 누구예요?
나: 제가 마이클이에요. 무슨 일이세요?

- 여기가 제 방이에요.
- 방이 작아요.

명사에 붙어 명사가 문장의 주어임을 나타낸다. 명사가 의문사일 때는 '누가', '무엇이', '언제가', '어디가'로 사용된다.

받침이 있는 명사에는 '이', 받침이 없는 명사에는 '가'를 사용한다.

받침 O	이	방이
받침 X	가	여기가

알맞은 말을 고르세요.

보기 유진(☑ 이 ☐ 가) 학생이에요.

1. 방(☐ 이 ☐ 가) 넓어요.
2. 여기(☐ 이 ☐ 가) 제 집이에요.
3. 동생(☐ 이 ☐ 가) 방에 있어요.
4. 저는 노트북(☐ 이 ☐ 가) 없어요.
5. 침대(☐ 이 ☐ 가) 커요.

문법 2

-아/어요

가: 한국어 책이 **있어요**?

나: 아니요, **없어요**.

- 저는 비빔밥이 **좋아요**.
- 마이클이 라면을 **먹어요**.
- 누나가 한국어를 **공부해요**.

비격식적인 상황에서 서술어 뒤에 붙어 말하는 사람의 생각이나 사실을 설명한다. 격식체로 사용되는 '-습니다/ㅂ니다'보다 부드러운 느낌을 준다. 주로 말할 때 많이 사용하며 정중하게 대해야 하는 윗사람에게는 사용하지 않는 것이 좋다.

서술어의 마지막 모음이 'ㅏ, ㅗ'이면 '-아요', 그렇지 않으면 '-어요'를 사용한다. '-하다'로 끝나는 서술어는 '-여요'를 사용한다.

ㅏ, ㅗ	-아요	가아요 ➡ 가요, 좋아요
ㅓ, ㅜ, ㅡ, ㅣ	-어요	먹어요, 읽어요, 주어요, 예쁘어요 ➡ 예뻐요
-하다	-여요	일하여요→일해요

문장을 만드세요.

보기 친구를 만나다 ➡ 친구를 만나요.

1. 김치가 좋다 ➡ 김치가 ______________.
2. 책을 읽다 ➡ 책을 ______________.
3. 음식이 맛있다 ➡ 음식이 ______________.
4. 마이클은 한국어를 공부하다 ➡ 마이클은 한국어를 ______________.
5. 과일이 싸다 ➡ 과일이 ______________.

에 있다/없다

가: 교실에 컴퓨터가 없어요?
나: 아니요, 있어요.

- 고향에 가족이 있어요.
- 화장실이 어디에 있어요?

명사(주로 장소 명사) 뒤에 붙어 사용된다. '에 있다'는 그 곳에 사람이나 물건이 존재함을 설명하고, '에 없다'는 존재하지 않음을 설명한다.

장소 명사가 받침이 있든 없든 '에 있다/에 없다'를 사용한다.

받침 O	에 있다/없다	학교에 학생들이 있어요.
받침 X		가방에 지갑이 없어요.

문장을 만드세요.

보기 거실 / 텔레비전 ○ ➡ 거실에 텔레비전이 있어요.

1. 교실 / 시계 ○ ➡ ______________________.
2. 집 / 세탁기 × ➡ ______________________.
3. 가방 / 휴대 전화 ○ ➡ ______________________.
4. 지갑 / 학생증 × ➡ ______________________.
5. 방 / 컴퓨터 × ➡ ______________________.

문법 연습

문장을 만드세요.

보기 옷 / 예쁘다

➡ 옷이 예뻐요.

1. 학교 / 크다

➡ ____________________.

2. 음식 / 맛있다

➡ ____________________.

3. 방 / 책상 / 있다

➡ ____________________.

대화를 만드세요.

보기 가: 누가 마이클이에요?(저)

나: 제가 마이클이에요.

1. 가: 학교가 넓어요? (좁다)

나: 아니요, ____________________.

2. 가: 동생이 어디에 있어요? (집)

나: ____________________.

3. 가: 한국어 책이 방에 있어요? (거실)

나: 아니요, ____________________.

대화를 잘 들으세요.

유　진: 다카시 씨는 기숙사에 살아요?

다카시: 네, 맞아요.

유　진: 기숙사 방에 책상이 있어요?

다카시: 네, 책상하고 침대가 있어요.

유　진: 컴퓨터도 있어요?

다카시: 아니요, 컴퓨터는 없어요.

질문에 대답하세요.

1. 다카시 씨는 어디에 살아요?

2. 다카시 씨의 방에 무엇이 있어요?

대화

대화를 만드세요.

유진의 원룸

에어컨 O

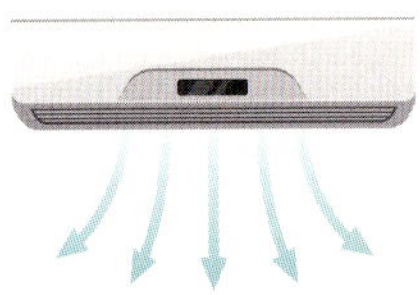

냉장고 O

세탁기 X

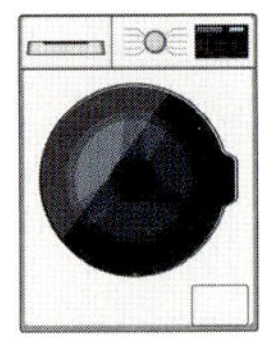

마이: 유진 씨는 원룸에 살아요?

유진: 네, ______________________________.

마이: 원룸에 에어컨이 있어요?

유진: 네, ____________________________하고

______________________________.

마이: 세탁기도 있어요?

유진: ______________________________.

써 보세요.

1. 자기의 방을 그리세요.

2. 방에 무엇이 있어요? 쓰세요. 그리고 이야기하세요.

확인 점검

사물의 이름을 이야기할 수 있다.	☐	☐	☐
자기 방에 있는 물건을 설명할 수 있다.	☐	☐	☐

3 여덟 시에 출근해요

학습 목표	하루의 일과를 시간에 따라 설명할 수 있다.
주제	일과 생활
어휘와 표현	숫자와 시간, 일상생활
문법	을/를, (시간)에, -습니다/습니까?

이 사람은 오늘 무엇을 합니까?

여러분의 하루는 어떻습니까?

어휘 · 표현

알아보세요.

숫자와 시간

시	한	두	세	네							열한	열두	열세	…
	하나	둘	셋	넷	다섯	여섯	일곱	여덟	아홉	열	열하나	열둘	열셋	…
	1	2	3	4	5	6	7	8	9	10	11	12	13	…
분	일	이	삼	사	오	육	칠	팔	구	십	십일	십이	십삼	…

20	이십
30	삼십
40	사십
50	오십
60	육십

1시 1분	2시 2분	5시 5분	6시 6분
한 시 일 분	두 시 이 분	다섯 시 오 분	여섯 시 육 분
3시 3분	**4시 4분**	**7시 7분**	**8시 8분**
세 시 삼 분	네 시 사 분	일곱 시 칠 분	여덟 시 팔 분
11시 11분	**12시 12분**	**9시 9분**	**10시 10분**
열한 시 십일 분	열두 시 십이 분	아홉 시 구 분	열 시 십 분

시간을 한글로 쓰세요.

1.  한 시 오 분

2. 

3. 

4. 

5. 

6. 

7. 

8. 

9. 

10. 

어휘 · 표현

알아보세요.

일과에 하는 일

일어나다

세수하다

옷을 갈아입다

아침 식사를 하다

출근하다

일을 하다

점심식사를 하다

커피를 마시다

회의하다

퇴근하다

운동하다

친구를 만나다

쇼핑하다

귀가하다

텔레비전을 보다

잠을 자다

문법 1

을/를

가: 무엇을 해요?
나: 드라마를 봐요.

- 저는 김밥을 좋아해요.
- 다카시는 라면을 먹어요.
- 마이클은 영어를 가르쳐요.

명사 뒤에 붙어 명사가 문장의 목적어임을 나타낸다. 문장은 '주어-목적어-동사' 순서로 구성된다.

받침이 있는 명사에는 '을', 받침이 없는 명사에는 '를'을 사용한다.

받침 O	을	책을
받침 X	를	친구를

알맞은 말을 고르세요.

보기 저는 책(☑ 을 ☐ 를) 읽습니다.

1. 마이클은 친구(☐ 을 ☐ 를) 만나요.

2. 다카시는 점심(☐ 을 ☐ 를)를 먹어요.

3. 유진은 커피(☐ 을 ☐ 를) 마셔요.

4. 민수는 음악(☐ 을 ☐ 를) 들어요.

5. 마이클은 학생(☐ 을 ☐ 를) 가르쳐요.

문법 2

(시간)에

가: 회의를 **몇 시에** 해요?
나: 오후 **2시에** 합니다.

- 마이클은 오후 **5시에** 약속이 있어요.
- 저는 **주말에** 친구를 만나요.

시간을 표현하는 명사 뒤에 붙어서 동작이나 상태가 일어나는 시간을 나타낸다. '(시간)에' 뒤에는 동사가 사용된다.

받침이 있는 명사와 받침이 없는 명사 모두 '에'를 사용한다.

받침 O	에	주말**에** 영화를 봐요.
받침 X		기차가 4시**에** 출발해요.

문장을 만드세요.

보기 아흐메드: 저녁 / 뉴스 / 보다

➡ 아흐메드는 저녁에 뉴스를 봐요.

1. 미셸: 일요일 / 친구 / 만나다

➡ ______________________.

2. 다카시: 매일 오후 3시 / 줌(zoom) 회의 / 하다

➡ ______________________.

3. 마이클: 토요일 저녁 / 공원 / 가다

➡ ______________________.

4. 마이: 낮 12시 / 점심 / 먹다

➡ ______________________.

-습니다/습니까

가: 회의실이 어디에 있습니까?
나: 회의실은 2층에 있습니다.

- 곧 회의가 시작됩니다.
- 저는 이 디자인이 좋습니다.

격식적인 상황에서 서술어(동사, 형용사, 이다/아니다)에 붙어 주어의 동작이나 상태를 설명한다. 질문에는 '-ㅂ니까/습니까?'를 사용한다.

받침이 있는 서술어 어간에는 '-습니다/습니까?'를, 받침이 없는 서술어 어간에는 '-ㅂ니다/ㅂ니까?'를 사용한다.

받침 O	-습니다/-습니까?	읽습니다 / 읽습니까?
받침 X	-ㅂ니다/-ㅂ니까?	삽니다 / 삽니까?

문장을 만드세요.

보기 밥 / 먹다
➡ 밥을 먹습니다 / 밥을 먹습니까?

1. 8시에 / 집에 가다

➡ ______________________

2. 주말 / 운동하다

➡ ______________________

3. 날마다 / 책 / 읽다

➡ ______________________

4. 외국어 / 공부하다

➡ ______________________

문법 연습

문장을 만드세요.

보기 민수 / 아침 / 커피 / 마시다

➡ 민수 씨는 아침에 커피를 마십니다.

1. 마이 / 월요일 오전 10시 / 회의하다

➡ ______________________.

2. 다카시 / 토요일/ 영화 / 보다

➡ ______________________.

3. 마이클 / 매일 저녁 / 음악 / 듣다

➡ ______________________.

대화를 만드세요.

보기 가: 한국 드라마를 봅니까? (매일 저녁)

나: 네. 매일 저녁에 한국 드라마를 봅니다.

1. 가: 토요일에 무엇을 합니까? (친구를 만나다)

나: ______________________.

2. 가: 회의를 언제 합니까? (수요일 오후 2시)

나: ______________________.

3. 가: 보통 언제 퇴근합니까? (오후 6시)

나: ______________________.

대화를 잘 들으세요.

김민수: 유진 씨는 몇 시에 출근합니까?

유 진: 보통 8시에 출근해요. 민수 씨는요?

김민수: 저는 7시에 출근합니다.

유 진: 왜 그렇게 일찍 출근해요?

김민수: 아침에 중국어를 공부합니다. 그리고 9시에 일을 시작합니다.

질문에 대답하세요.

1. 유진 씨는 언제 출근합니까?

2. 민수 씨는 왜 회사에 일찍 갑니까?

대화

대화를 만드세요.

마이클 8시 - 학교에 가다

마이
6시 30분 - 출근하다
7시 - 운동하다
9시- 일을 시작하다

마 이: 마이클 씨는 몇 시에 ______________________?

마이클: 보통 ______________________.

마이 씨는 어때요?

마 이: 저는 ______________________.

마이클: 왜 그렇게 일찍 ______________________?

마 이: 먼저 ______________________.

그리고 ______________________.

써 보세요.

1. 여러분의 하루는 어떻습니까? 메모하세요.

오전 (AM)	여섯 시 삼십 분	일어나다

오후 (PM)		
	____ 시 ____ 분	잠을 자다

2. 자신의 하루 생활을 소개하세요.

확인 점검

자신의 하루 생활을 소개할 수 있다.	☐	☐	☐
다른 사람의 일과를 듣고 이해할 수 있다.	☐	☐	☐

4 친구를 만났어요

학습 목표	과거에 일어난 일을 표현할 수 있다.
주제	지난 주말
어휘와 표현	장소, 과거 시간 표현
문법	(장소)에서, -았/었-, -(으)러

민수는 토요일에 무엇을 했습니까?

여러분은 지난 주말에 무엇을 했습니까?

어휘 · 표현

알아보세요.

장소와 하는 일

카페

커피를 주문하다 — **친구를 만나다**

카페에서 커피를 주문해요.
카페에서 친구를 만났습니다.

마트

야채를 사다 — **물건을 구경하다**

마트에서 야채를 사요.
마트에서 물건을 구경했어요.

공원

산책하다 — **자전거를 타다**

공원에서 산책을 합니다.
공원에서 자전거를 탔어요.

도서관

책을 읽다 — **책을 빌리다**

도서관에서 책을 읽어요.
도서관에서 책을 빌렸어요.

학교

공부하다 — **가르치다**

학생은 학교에서 공부합니다.
선생님은 학교에서 가르쳤습니다.

집

샤워하다 — **머리를 감다**

집에서 샤워합니다.
집에서 머리를 감았어요.

시간 표현

과거 현재 미래

아까 지금 이따가

어제 오늘 내일

작년 올해 내년

어휘 · 표현

연결하세요.

학교　집　도서관　공원　카페　마트

알맞은 단어를 쓰세요.

어제　금년　아까　내년　이따가　지금　내일　작년　오늘

과거	현재	미래

(장소)에서

가: 지금 어디에 있어요?
나: **카페에서** 친구를 기다려요.

- **마트에서** 야채를 사요.
- **공원에서** 산책해요.

장소를 나타내는 명사 뒤에 붙어 어떤 행동이 일어나는 위치를 설명한다. '(장소)에서' 뒤에는 동사가 사용된다.

앞의 명사가 받침이 있든 없든 '에서'가 붙는다. 장소 명사 뒤에 '에'가 붙으면 뒤에 '있다, 없다, 가다, 오다, 다니다'와 같은 서술어가 사용된다.

받침 O	에서	카페에서 친구를 만나요.
받침 X		마트에서 쇼핑합니다.

문장을 만드세요.

보기 학교 - 공부하다
➡ 학교에서 공부해요.

1. 집 - 쉬다
➡ ______________________.

2. 공원 - 운동하다
➡ ______________________.

3. 도서관 - 책을 읽다
➡ ______________________.

4. 극장 - 영화를 보다
➡ ______________________.

문법 2

-았/었-

가: 어제 뭐 했어요?
나: 집에서 쉬었어요.

- 아침에 커피를 마셨어요.
- 어제 비빔밥을 먹었습니다.

서술어(동사, 형용사 등)의 어간 뒤에 붙어 과거를 표현한다. '-었/았/였-' 뒤에는 '-어요' 또는 '-습니다/습니까?'가 붙어 사용된다.

ㅏ, ㅗ	-았-	가았어요 ➡ 갔어요, 좋았습니다
ㅓ, ㅜ, ㅡ, ㅣ	-었-	먹었어요, 읽었습니다
-하다	-였-	일하였어요 ➡ 일했어요, 행복했습니다

문장을 만드세요.

보기 저 - 어제 - 친구를 만나다
➡ 저는 어제 친구를 만났어요.

1. 마이 - 지난주 - 통역을 하다
➡ ______________________.

2. 다카시 - 작년 - 한국에 오다
➡ ______________________.

3. 미셸 - 어제 밤 - 영화를 보다
➡ ______________________.

4. 마이클 - 2년 전 - 회사원이다
➡ ______________________.

-(으)러

가: 도서관에 가요?
나: 네, **공부하러** 가요.

- 식당에 밥을 **먹으러** 왔어요.
- 옷을 **사러** 쇼핑몰에 갑니다.

동사에 붙어 그 행동을 하기 위해 이동함을 설명한다. 뒤에 '가다, 오다, 다니다' 등의 이동 동사가 온다.

동사에 받침이 있으면 '-으러', 받침이 없으면 '-러'가 사용된다. 받침이 'ㄹ'일 때도 '-러'를 사용한다.

받침 O	-으러	먹으러 와요.
받침 X	-러	마시러 갑니다.
ㄹ 받침	-러	살러 왔어요.

문장을 만드세요.

보기 공원 - 운동하다 - 가다
➡ 공원에 운동하러 갑니다.

1. 카페 - 친구를 만나다 - 가다

➡ ______________________.

2. 어제 - 식당 - 밥을 먹다 - 가다

➡ ______________________.

3. 6개월 전 - 한국 - 공부하다 - 오다

➡ ______________________.

4. 지난주 - 백화점 - 옷을 사다 - 가다

➡ ______________________.

문법 연습

문장을 만드세요.

보기 어제 / 식당 / 친구를 만나다

➡ 어제 식당에서 친구를 만났어요.

1. 지난 토요일 / 영화관 / 영화를 보다

➡ ______________________.

2. 작년 / 고향 / 회사에 다니다

➡ ______________________.

3. 2년 전 / 식당 / 아르바이트를 하다

➡ ______________________.

대화를 만드세요.

보기 가: 왜 한국에 왔어요? (한국어를 배우다)

나: 한국어를 배우러 왔어요.

1. 가: 공항에 왜 가요? (친구를 배웅하다)

나: ______________________.

2. 가: 집에 뭐 하러 가요? (점심을 먹다)

나: ______________________.

3. 가: 마트에 뭐 하러 갔어요? (우유를 사다)

나: ______________________.

대화를 잘 들으세요.

마 이: 주말에 뭐 했어요?

다카시: 강남에 갔어요. 강남에서 친구를 만났어요.

마 이: 친구하고 뭐 했어요?

다카시: 친구하고 점심을 먹었어요. 마이 씨는 주말이 어땠어요?

마 이: 저는 쇼핑했어요. 쇼핑몰에 치마를 사러 갔어요.

질문에 대답하세요.

1. 다카시 씨는 주말에 무엇을 했습니까?

2. 마이 씨는 쇼핑몰에 왜 갔습니까?

대화

대화를 만드세요.

유진 토요일 - 강남에 가다 -후배를 만나다 - 영화를 보다

마이클 토요일 - 마트 - 먹을거리를 사다

마이클: 유진 씨는 ______________________________?

유 진: ______________에 갔어요.

______________에서 ____________________.

마이클: __________하고 ____________________?

유 진: ______________________________________.

마이클 씨는 ______________________________?

마이클: 저는 쇼핑했어요. ____________________________.

써 보세요.

1. 지난 주말에 무엇을 했습니까? 메모하세요.

토요일	일요일
아침 - 공원 - 운동하다	점심 - 식당 - 김치찌개를 먹다

2. 자기의 주말 이야기를 쓰세요. 그리고 이야기하세요.

확인 점검

과거에 일어난 일을 표현할 수 있다.	☐	☐	☐
장소 어휘를 사용할 수 있다.	☐	☐	☐

5 영화를 볼 거예요

학습 목표	자신의 계획을 말할 수 있다.
주제	주말 계획
어휘와 표현	여가 활동 어휘, 교통수단
문법	-아/어서(계기) , -(으)ㄹ 것이다, -고

일요일

오전	청소
오후	운동, 가족과 통화하기

이 사람은 주말에 무엇을 할 거예요?

여러분은 이번 주말에 무엇을 할 거예요?

어휘 · 표현

알아보세요.

여가 생활

경복궁을 구경하다

경기를 관람하다

공연을 보다

미술관에 가다

박물관에 가다

동아리 활동을 하다

등산을 하다

여행을 하다

게임을 하다

교통 수단

배

항구

택시

택시 정류장

버스

버스정류장

자동차

자동차 주차장

지하철

지하철역

기차

기차역

비행기

공항

자전거

자전거 주차장

어휘 · 표현

어디에서 타요? 연결하세요.

공항　　주차장　　역　　항구　　정류장

무엇을 해요? 쓰세요.

등산을 하다	구경하다	공연을 보다
여행을 하다	게임을 하다	동아리 활동을 하다

-아/어서(계기)

가: 어제 뭐 했어요?
나: 친구를 **만나서** 같이 영화를 봤어요.

- 어제 학생식당에 **가서** 떡볶이를 먹었어요.
- 동생 생일에 축하 카드를 **써서** 보냈어요.

동사 뒤에 붙어 행동의 시간 순서를 표현한다. 뒤에 동사가 사용된다.

동사의 모음이 'ㅏ, ㅗ'이면 '-아서', 'ㅏ, ㅗ' 가 아닌 다른 모음 뒤에는 '-어서'를 쓰고 '-하다'가 있으면 '-여서'가 붙는다.

ㅏ, ㅗ	-아서	만나서
ㅓ, ㅜ, ㅡ, ㅣ	-어서	써서
-하다	-여서	요리하여서 ➡ 요리해서

문장을 만드세요.

보기 미술관에 <u>가다</u> 그림을 구경했어요.
➡ 미술관에 ___가서___ 그림을 구경했어요.

1. 한국 친구를 <u>만나다</u> 한국어를 공부했어요.
➡ ______________________________.

2. 한국 음식을 <u>요리하다</u> 친구들과 같이 먹었어요.
➡ ______________________________.

3. 이메일을 <u>쓰다</u> 빨리 보내세요.
➡ ______________________________.

4. 아침에 일찍 <u>일어나다</u> 운동을 합니다.
➡ ______________________________.

문법 2

-(으)ㄹ 것이다

가: 뭐 **먹을 거예요**?
나: 저는 볶음밥을 **먹을 거예요**.

- 집에 어떻게 **갈 거예요**?
- 저는 방학에 책을 많이 **읽을 겁니다**.

동사에 붙어 미래 시제를 표현한다. 비격식적 상황에서는 '-을 거예요', 격식적 상황에서는 '-을 겁니다'가 사용된다.

받침이 있는 동사에는 '-을 것이다', 받침이 없는 동사에는 '-ㄹ 것이다'를 사용한다.

받침 O	-을 것이다	읽을 것이다 ➡ 읽을 거예요/읽을 겁니다
받침 X	-ㄹ 것이다	볼 것이다 ➡ 볼 거예요/볼 겁니다

문장을 만드세요.

보기 친구와 영화를 보다
➡ 친구와 영화를 볼 거예요.

1. 제주도를 여행하다
➡ ______________________.

2. 박물관을 구경하다
➡ ______________________.

3. 대학로에서 연극을 보다
➡ ______________________.

4. 집에서 책을 읽다
➡ ______________________.

-고

가: 주말에 뭐 했어요?
나: 영화 **보고** 쇼핑했어요.

- 여름은 **덥고** 겨울은 추워요.
- 오늘은 아르바이트**하고** 학교에 갈 거예요.

서술어(동사와 형용사 등) 뒤에 붙어 행위나 상태를 나열한다. 행위가 시간 차이를 두고 나열되는 경우에는 앞의 행위가 먼저 일어나는 행위이다.

서술어에 받침이 있든 없든 모두 '-고'를 사용한다.

받침 O	-고	먹고
받침 X		크고

문장을 만드세요.

보기 지금 비가 와요. 그리고 바람이 불어요.
➡ 지금 비가 오고 바람이 불어요.

1. 마이클 씨는 친절해요. 그리고 재미있어요.

➡ ______________________.

2. 내일은 집을 청소할 거예요. 그리고 친구를 만나러 갈 거예요.

➡ ______________________.

3. 작년에 중국어를 공부했어요. 그리고 중국에 여행 갔어요.

➡ ______________________.

4. 친구와 같이 점심을 먹었어요. 그리고 같이 커피를 마셨어요.

➡ ______________________.

문법 연습

문장을 만드세요.

보기 내년/ 한국에 가다 /한국어를 공부하다

➡ 내년에 한국에 가서 한국어를 공부할 거예요.

1. 다음 주 토요일 / 백화점에 가다 / 겨울 옷을 사다

➡ ______________________.

2. 내일 / 친구를 만나다 / 같이 숙제하다

➡ ______________________.

3. 졸업 후 / 한국 회사에 취직하다 / 열심히 일하다

➡ ______________________.

대화를 만드세요.

보기 가: 어제 저녁에 뭐 했어요? (퇴근하다 - 친구를 만나다)

나: 어제 퇴근하고 친구를 만났어요.

1. 가: 내일은 뭐 할 거예요? (쇼핑하다 - 집에서 쉬다)

나: ______________________.

2. 가: 고향에 언제 갈 거예요? (공부를 마치다 - 고향에 가다)

나: ______________________.

3. 가: 저 식당은 어때요? (음식이 맛있다 - 가격이 싸다)

나: ______________________.

대화를 잘 들으세요.

김민수: 마이 씨, 이번 주말에 뭐 해요?

마　이: 저는 친구를 만날 거예요.

김민수: 그래요? 친구 만나서 뭐 할 거예요?

마　이: 같이 영화 볼 거예요. 민수 씨는 주말에 계획이 있어요?

김민수: 특별한 계획은 없어요. 오전에 등산하고 집에서 쉴 거예요.

질문에 대답하세요.

1. 마이 씨는 이번 주말에 무엇을 합니까?

2. 민수 씨는 주말에 친구를 만날 겁니까?

대화

대화를 만드세요.

마이클	후배를 만나다 - 같이 농구를 하다
유진	방을 청소하다 - 텔레비전을 보다

유　진: 마이클 씨, 이번 토요일에 ______________________?

마이클: 저는 ______________________.

유　진: 그래요? ______________________?

마이클: 같이 ______________________.

유진 씨는 ______________________?

유　진: 특별한 계획은 없어요.

______________________.

써 보세요.

1. 특별한 계획이 있어요? 무엇을 할 거예요? 누구하고 같이 할 거예요?

토요일	오전	
	오후	

일요일	오전	
	오후	

2. 자신이 주말에 할 일을 쓰세요.

확인 점검

자신의 주말 계획을 말할 수 있다.	☐	☐	☐
여가 활동과 교통수단에 대해 말할 수 있다.	☐	☐	☐

6 부산에서 제주까지 배로 갈 거예요

학습 목표	휴가 계획을 설명할 수 있다.
주제	여행 일정
어휘와 표현	날짜와 요일, 휴가 활동
문법	(명사)에서 (명사)까지, (으)로, -(으)ㄴ 후에

사람들이 무엇을 타고 갑니까?

여러분은 매일 어떻게 이동합니까?

어휘 · 표현

알아보세요.

날짜와 요일

일 년은 열두 달입니다.

1월	2월	3월	4월	5월	6월
일월	이월	삼월	사월	오월	유월

7월	8월	9월	10월	11월	12월
칠월	팔월	구월	시월	십일월	십이월

일주일은 칠일입니다.
월요일, 화요일, 수요일, 목요일, 금요일, 토요일, 일요일입니다.
토요일과 일요일은 주말입니다. 한국에서는 주말에 쉽니다.

일요일 월요일 화요일 수요일 목요일 금요일 토요일

오늘은 7월 12일 금요일입니다. 제 생일입니다. 친구들과 파티를 할 겁니다.

7월

일요일	월요일	화요일	수요일	목요일	금요일	토요일
	1	2	3	4	5	6
7	8	9	10	11	12 생일	13
14	15	16	17	18	19	20
21	22	23	24	25	26	27
28	29	30	31			

휴가 활동

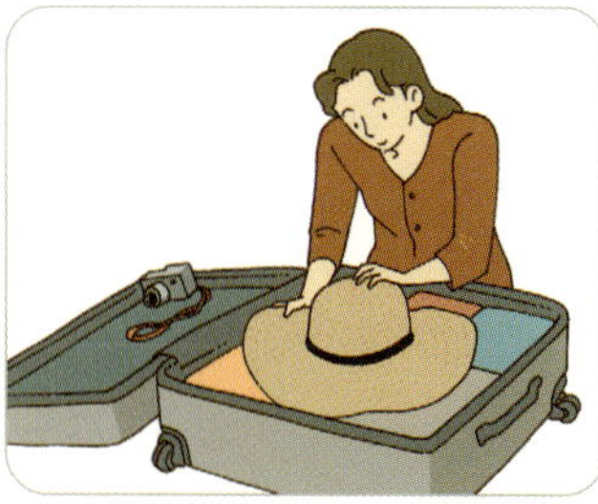

휴가를 가다

휴가를 갈 거예요.

계획을 세우다

휴가 계획을 세워요.

표를 예매하다

비행기표를 예매해요.

출발하다

공항에서 출발합니다.

도착하다

목적지에 도착합니다.

바다에서 서핑을 하다

바다에서 서핑을 합니다.

산에 올라가다

설악산에 올라갑니다.

낚시하다

강에서 낚시합니다.

수영하다

수영장에서 수영합니다.

어휘 · 표현

연결하세요.

 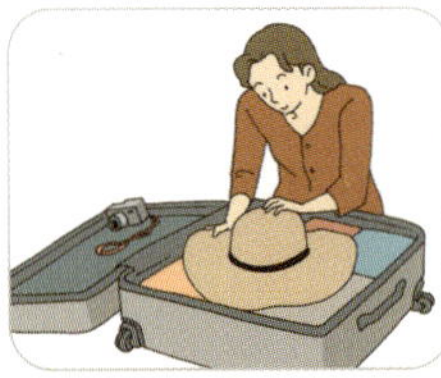  

휴가를 가다 | 출발하다 | 낚시하다 | 산에 올라가다

날짜, 요일, 시간을 쓰세요.

1. 4월 5일(금) 휴일(식목일)

   사월 오일 금요일

2. 6월 24일(월) 방학 시작

3. 8월 10일(토) 오후 2시, 친구 결혼

4. 10월 9일(화) 휴일(한글날)

5. 11월 6일(수) 오전 10시, 회의

6. 12월 26일(목) 오전 9시 40분, 출국

…에서 …까지

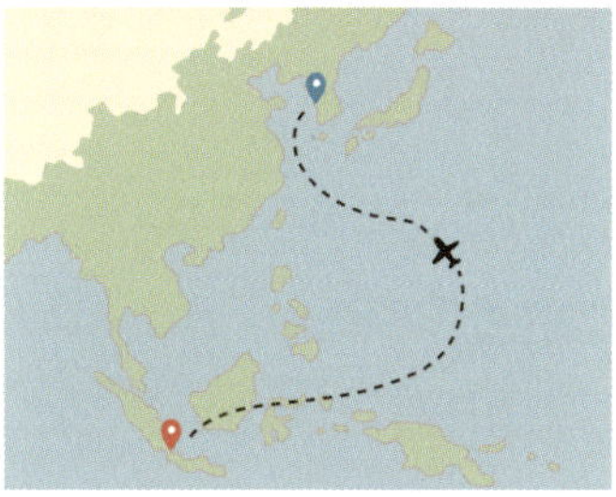

가: 고향에서 한국까지 어떻게 왔어요?
나: 비행기를 타고 왔어요.

- 서울에서 제주도까지 배로 가요.
- 자카르타에서 인천까지 비행기로 몇 시간 걸려요?

- 에서: 출발점을 말합니다.
- 까지: 끝 지점을 말합니다.

받침이 있는 명사, 받침이 없는 명사 모두에 '에서', '까지'를 사용한다.

받침 O	…에서 …까지	집에서 식당까지
받침 X		학교에서 회사까지

TIP! 시간의 시작과 끝을 표현할 때는 '부터'와 '까지'를 사용한다.
예 오전 9시부터 오후 1시까지 한국어 수업이 있어요

문장을 만드세요.

보기 교실 → 도서관 (10분) ➡ 교실에서 도서관까지 10분 걸려요.

1. 집 → 회사 (30분) ➡ ________ ________ 30분쯤 걸려요.
2. 여기 → 지하철역 (15분) ➡ ________ ________ 15분쯤 걸려요.
3. 서울 → 부산 (4시간 30분) ➡ ________ ________ 4시간 30분 걸렸어요.
4. 숙소 → 인천 공항 (2시간 10분) ➡ ________ ________ 2시간 10분 걸렸어요.

문법 2

(으)로

가: 회사에 어떻게 가요?
나: **지하철로** 가요.

- 형은 **젓가락으로** 라면을 먹어요.
- 제주도에 **비행기로** 갔어요.

명사에 붙어 행위의 도구나 수단을 나타낸다. 교통 수단을 표현할 때는 '가다, 오다, 다니다'와 함께 사용한다.

받침이 있는 명사에는 '으로', 받침이 없는 명사와 받침이 'ㄹ'인 명사에는 '로'를 사용한다.

받침 O	으로	젓가락으로
받침 X	로	포크로
ㄹ 받침	로	지하철로

TIP! 이동할 때 교통 수단을 타지 않고 이동할 때는 '걸어서'를 사용한다.
예 기숙사에서 강의실까지 걸어서 10분 걸려요.

문장을 만드세요.

보기 국하고 밥은 숟가락으로 먹어요. (숟가락)

1. 반찬은 ______________ 먹습니다. (젓가락)
2. 여기까지 ______________ 왔어요. (버스)
3. 매일 회사까지 ______________ 다녀요. (지하철)
4. 늦게 일어났어요. 그래서 학교까지 ______________ 갔어요. (택시)
5. 그 사람이 한국말을 몰랐어요. 그래서 우리는 ______________ 이야기했어요. (영어)

-(으)ㄴ 후에

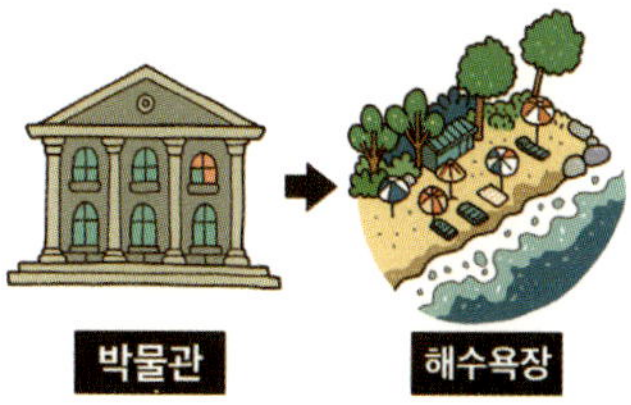

가: 오늘은 어디를 구경해요?

나: 먼저 박물관에 간 후에 바다에 수영하러 갑니다.

- 감기약을 먹은 후에 잤어요.
- 친구를 만난 후에 집에 돌아왔어요.

동사에 붙어 어떤 행동을 먼저 한 다음에 다른 행동을 함을 나타낸다. '후' 대신 '다음'을 사용할 수 있다.

받침이 있는 명사에는 '-은 후에', 받침이 없는 명사와 받침이 'ㄹ'인 명사에는 '-ㄴ 후에'를 사용한다.

받침 O	-은 후에	먹은 후에
받침 X	-ㄴ 후에	만난 후에
ㄹ 받침	-ㄴ 후에	만든 후에

TIP! 뒤의 행동이 앞의 행동보다 먼저 일어남을 표현할 때는 '-기 전에'를 사용한다.

문장을 만드세요.

보기 감기약을 먹었어요. 그 후에 몸이 괜찮아졌어요.

➡ 감기약을 먹은 후에 몸이 괜찮아졌어요.

1. 마트에서 야채와 고기를 삽니다. 그리고 집에 가서 요리합니다.

➡ ____________________.

2. 점심을 먹었습니다. 그 후에 은행에 다녀왔습니다.

➡ ____________________.

3. 아침 일찍 수영을 해요. 그 후에 출근해요.

➡ ____________________.

4. 창문을 닫으세요. 그 후에 에어컨을 켜세요.

➡ ____________________.

문법 연습

문장을 만드세요.

보기 집-학교 / 지하철 / 45분 걸리다

➡ 집에서 학교까지 지하철로 45분 걸려요.

1. 공항 - 호텔 / 택시 / 15분 걸리다

➡ ____________________.

2. 한국 - 호주 / 비행기 / 몇 시간 걸리다

➡ ____________________.

3. 서울 - 부산 / KTX / 가다

➡ ____________________.

대화를 만드세요.

보기 가: 한국어 공부하고 그 후에 뭐 할 거예요? (대학원에 가다)

나: 한국어 공부를 한 후에 대학원에 갈 거예요.

1. 가: 영화 보고 그 다음에 뭐 했어요? (집에서 쉬다)

   나: ____________________.

2. 가: 점심 식사를 하고 그 후에는 뭐 하세요? (커피를 마시다)

   나: ____________________.

3. 가: 학교를 졸업하고 그 뒤에 무엇을 했어요? (회사에 다니다)

   나: ____________________.

대화를 잘 들으세요.

김민수: 유진 씨, 제주도에서 뭐 할 거예요? 저는 바다에서 서핑을 할 거예요.

유 진: 저는 마이 씨하고 한라산에 올라갈 거예요. 민수 씨도 비행기표를 예매했어요?

김민수: 아니요. 저는 부산에서 제주까지 배로 갈 거예요.

유 진: 배로요? 시간이 얼마나 걸려요?

김민수: 열한 시간쯤 걸려요. 부산에 가서 친구를 만난 후에 같이 배를 탈 거예요.

질문에 대답하세요.

1. 유진 씨는 제주도에서 무엇을 할 겁니까?

2. 민수 씨는 제주도에 비행기로 갑니까?

대화

대화를 만드세요.

다카시 김포 아울렛 쇼핑 → 비행기 → 부산 → 바다에서 수영하다

마이 부산 → KTX 열차 → 유진하고 같이 회를 먹다

다카시: 마이 씨, 부산에 가서 ______________________?

저는 ______________________.

마 이: 저는 유진 씨하고 ______________________.

다카시 씨도 ______________________?

다카시: 아니요. 저는 서울에서 ______________________.

마 이: 비행기로요? 시간이 ______________________?

다카시: 한 시간쯤 걸려요.

김포 아울렛에 가서 ______________________.

써 보세요.

1. 마이클 씨의 여행 계획을 보고 여러분도 자신의 여행 계획을 메모하세요.

마이클의 여행 계획

서울역 - KTX - 경주

1. 박물관을 구경하다
2. 한복을 입다- 사진을 찍다
3. 친구를 만나다 - 같이 식사하다

나의 여행 계획

2. 여러분의 여행 계획을 쓰세요. 그리고 이야기하세요.

확인 점검

휴가 계획을 설명할 수 있다.	☐	☐	☐
여행 일정을 말할 수 있다.	☐	☐	☐

7 아버지께서 키가 크시네요

학습 목표	가족에 대해 이야기할 수 있다. 높임을 표현할 수 있다.
주제	가족
어휘와 표현	가족 호칭, 외모를 설명하는 표현
문법	-(으)시-, -네(요), -고 싶다

사진 속의 사람들은 누구입니까?

여러분의 가족은 어떤 사람입니까?

어휘 · 표현

알아보세요.

가족

외모

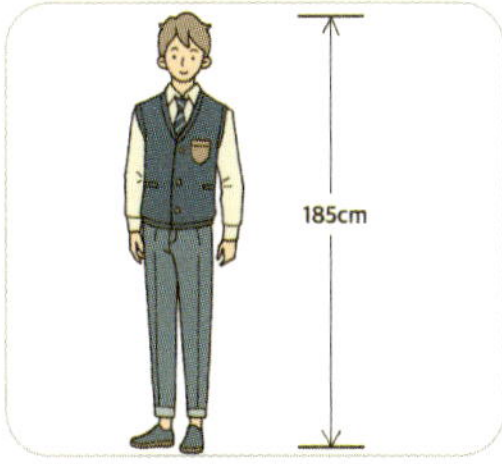

키가 크다

키가 커요.
키가 큽니다.

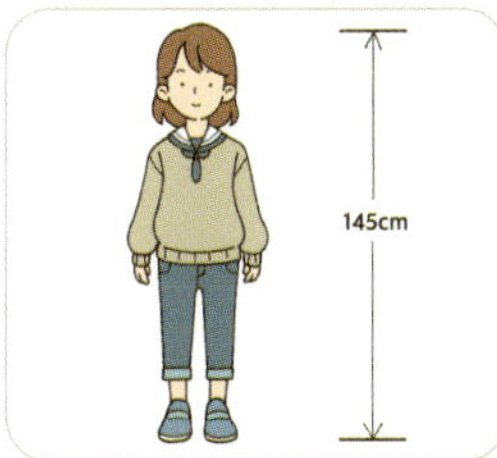

키가 작다

키가 작아요.
키가 작습니다.

머리가 길다

머리가 길어요.
머리가 깁니다.

머리가 짧다

머리가 짧아요.
머리가 짧습니다.

젊다

젊어요.
젊습니다.

늙다 / 늙었다

늙었어요.
늙었습니다.

멋있다

멋있어요.
멋있습니다.

예쁘다

예뻐요.
예쁩니다.

어휘 · 표현

연결하세요.

할아버지	누나	남동생	조카	아버지

연결하세요.

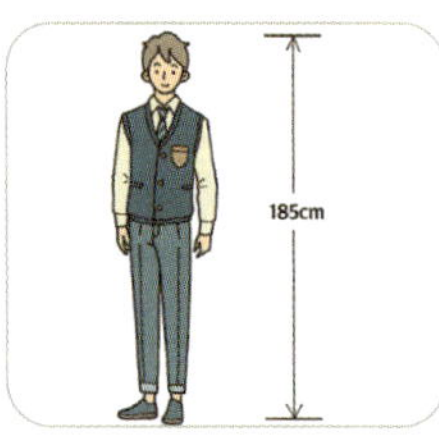

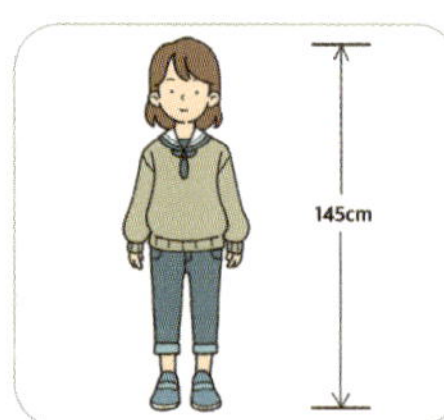

키가 작다	머리가 길다	키가 크다	머리가 짧다

-(으)시-

가: 과장님 어디 가셨어요?
나: 과장님 오늘 안 나오셨어요.

- 어머니께서 요리를 하십니다.
- 고향에서 무슨 일을 하셨어요?
- 할아버지께서는 날마다 집 근처 공원을 걸으십니다.

서술어에 붙어 문장 안에 등장하는 주어를 높여서 주어의 행위나 상태를 존대함을 나타낼 때 사용한다.

받침이 있는 서술어에는 '-으시-', 받침이 없는 서술어에는 '-시-'를 사용한다.

받침 O	-으시-	읽으시- ➡ 읽으세요/읽으십니다
받침 X	-시-	보시- ➡ 보세요/보십니다

TIP! **높임 표현이 다른 서술어**
자다 - 주무시다, 먹다 - 잡수시다, 마시다 - 드시다, (에) 있다 - (에) 계시다
말하다 - 말씀하시다, 죽다 - 돌아가시다

문장을 만드세요.

보기 동생이 집에 있습니다.
➡ 할아버지께서 집에 계십니다.

1. 지금 뭐 해요?
➡ 지금 뭐 ____________________

2. 학생이 책을 읽어요.
➡ 선생님께서 ____________________

3. 저는 어제 늦게 잠을 잤어요.
➡ 아버님께서 어제 늦게 ____________________

4. 민수 씨가 산에 올라갑니다.
➡ 할아버지께서 ____________________

문법 2

-네(요)

가: 음식 맛이 어때요?
나: 정말 맛있네요.

- 눈이 많이 왔네요.
- 이 가게는 옷이 다 예쁘네요.

서술어에 붙어 말하는 사람이 직접 경험하여 새롭게 알게 된 사실에 대해 감탄하며 말할 때 사용한다.

받침이 있든 없든 모두 '-네(요)'를 사용한다.

받침 O	-네(요)	많네요
받침 X		바쁘네요

TIP! '-네(요)' 대신 '-군(요)'를 사용할 수 있다. '-군(요)'는 다른 사람에게 들어서 알게 된 것을 감탄하며 말할 때도 사용한다.

문장을 만드세요.

보기 비가 많이 옵니다.
➡ 비가 많이 오네요.

1. 요즘 회사가 많이 바빠요.
➡ ______________________.

2. 마이클 씨 동생은 키가 큽니다.
➡ ______________________.

3. 오늘 날씨가 정말 좋아요.
➡ ______________________.

4. 이 식당 음식이 정말 맛있어요.
➡ ______________________.

-고 싶다

가: 휴가에 어디 갈 거예요?
나: 저는 그냥 집에서 **쉬고 싶어요**.

- 한국어를 잘 배워서 한국 회사에 **취업하고 싶어요**.
- 이번 방학에는 제주도에 **놀러 가고 싶네요**.

동사에 붙어 말하는 사람이 하기 원하거나 바라는 것을 나타낼 때 사용한다.

받침이 있든 없든 모두 '-고 싶다'를 사용한다.

받침 O	-고 싶다	먹고 싶다
받침 X		사고 싶다

TIP! 바라는 상태를 표현할 때는 형용사에 '-어/아/여지고 싶다'를 붙여 사용한다.
예 행복해지고 싶어요.

문장을 만드세요.

보기 퇴근한 후에 빨리 집에 가서 쉬고 싶어요 ______(쉬다).

1. 저는 한국에서 떡볶이를 ______________________(먹다)
2. 방학에 제주도에 ______________________(놀러 가다)
3. 나중에 꼭 한국 회사에 ______________________(취직하다)
4. 한국어를 배운 후에 ______________________(통역사가 되다)
5. 겨울에 친구들과 함께 ______________________(스키를 타다)

문법 연습

문장을 만드세요.

보기 민수 씨 아버지 /키가 크다

➡ 민수 씨 아버지께서 키가 크시네요.

1. 할머니 / 자전거를 타다

   ➡ ______________________.

2. 마이클 씨 어머니 / 중국어 책을 읽다

   ➡ ______________________.

3. 할아버지 / 음식을 준비하다

   ➡ ______________________.

대화를 만드세요.

보기 가: 방학에 무엇을 하고 싶어요? (제주도에 여행 가다)

나: 제주도에 여행 가고 싶어요.

1. 가: 오늘 점심은 어디서 먹을까요? (학생 식당에서 먹다)

   나: ______________________.

2. 가: 대학을 졸업한 후 계획이 있어요? (좋은 회사에 취직하다)

   나: ______________________.

3. 가: 꿈이 뭐예요? (한국어 선생님이 되다)

   나: ______________________.

대화를 잘 들으세요.

김민수: 마이 씨, 이분이 언니예요? 마이 씨하고 얼굴이 비슷하네요.

마　이: 그분은 제 언니가 아니에요. 우리 어머니세요.

김민수: 진짜요? 어머니께서 젊고 예쁘시네요.

마　이: 고마워요. 이분은 우리 아버지세요.

김민수: 아버지께서 키가 크시네요.

마　이: 네. 우리 아버지는 노래도 잘하세요. 예전에 가수셨어요.

김민수: 와! 저도 마이 씨 아버지 노래를 듣고 싶어요.

질문에 대답하세요.

1. 마이 씨의 얼굴은 어머니를 닮았습니까?

2. 마이 씨 아버지는 어떤 분입니까?

대화

대화를 만드세요.

민수

민수 어머니 - 요리사, 키가 크다, 요리를 잘하다

민수 아버지 - 민수와 얼굴이 비슷하다(닮았다), 젊고 멋지다

유진: 민수 씨, 이분이 형이에요?

민수 씨하고 ______________________________.

민수: 그분은 ______________________________. 우리 아버지세요.

유진: 진짜요? 아버지께서 ______________________________.

민수: 고마워요. 이분은 우리 어머니세요.

유진: 어머니께서 ______________________________.

민수: 네. 우리 어머니는 ______________________________.

예전에 요리사셨어요.

유진: 와! 저도 민수 씨 ______________________________.

써 보세요.

1. 여러분의 가족은 어떤 사람입니까? 민수처럼 메모하세요.

민수의 가족

아버지 - 축구를 잘하다,
노래를 잘 부르다

어머니 - 요리를 잘하다,
키가 크다

나의 가족

2. 여러분의 가족을 소개하세요.

확인 점검

가족에 대해 이야기할 수 있다. ☐ ☐ ☐

높임을 표현할 수 있다. ☐ ☐ ☐

8 문화와 복습 1

학습 목표 한국의 인사 예절에 대해 이해할 수 있다.

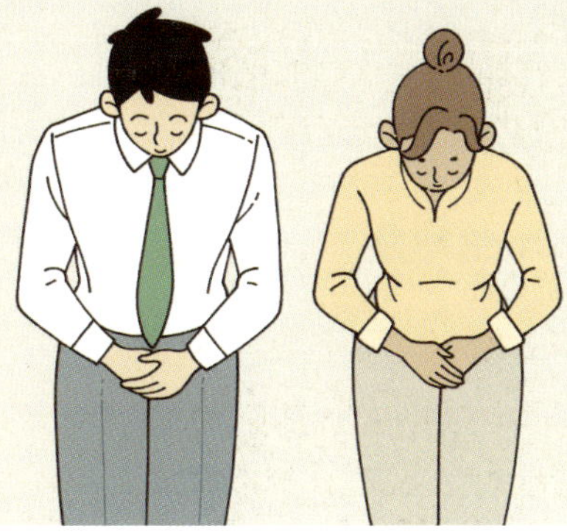

여러분 나라에서는 어떻게 인사합니까?

한국에서의 인사 경험에 대해 이야기해 봅시다.

문화

읽어 보세요.

한국의 인사 예절

한국에서 인사를 할 때 예의를 지키는 것이 아주 중요합니다. 인사는 사람과 사람 사이의 기본 예절 중에 하나입니다. 한국에서 인사는 관계와 상황에 따라 다양한 방법이 있습니다.

먼저, 한국에서 가장 많이 하는 인사는 고개를 살짝 숙이는 것입니다. 보통 처음 만나는 사람이나 나이가 많은 사람에게 이렇게 인사를 합니다. 고개를 조금 숙일 수도 있고, 허리까지 숙일 수도 있습니다. 격식적인 자리에서 예의를 갖춰야 할 때는 허리까지 깊이 숙이는 것이 좋습니다.

다음으로 한국의 전통적인 인사 방법인 절도 있습니다. 절은 무릎을 꿇고 앉아서 허리와 머리를 깊이 숙이는 인사입니다. 한국에서 설날이나 추석과 같은 명절에는 어른들에게 절을 합니다. 특히 설날에는 어른들에게 절을 하면서 건강과 새해의 복을 기원합니다. 절은 어른들께 감사와 존경을 표현하는 중요한 예절입니다.

한국에서도 손을 흔들며 인사할 수도 있습니다. 일상생활에서 친구나 가까운 사람들에게 할 수 있는 인사입니다. 손을 흔드는 인사는 편안하고 친근한 느낌을 줍니다. 그래서 높은 사람에게는 손을 흔들며 인사하면 안 됩니다.

마지막으로 서양 문화에서 영향을 받아 악수로 인사를 하기도 합니다. 특히 사업 관련 자리나 공식적인 자리에서 악수를 많이 합니다. 악수를 할 때는 보통 나이가 많거나 높은 사람이 먼저 악수를 청합니다.

한국의 다양한 인사 방법을 알아보았습니다. 한국에서 여러 상황에서의 인사 예절을 잘 이해하고 인사하면 한국 사람들과 더 좋은 관계를 맺을 수 있습니다.

질문에 대답하세요.

1. 이 글에서 소개한 인사에는 무엇이 있습니까?

2. 이 글에서 소개한 한국의 전통적인 인사 방법은 무엇입니까?

?

여러분 나라와 한국의 인사가 어떻게 다릅니까? 이야기해 보세요.

복습

다음 문제를 풀어 보세요.

※ [1~2] 그림을 보고 (　　)에 알맞은 것을 고르십시오.

1.

가: 이것은 무엇입니까?

나: (　　　　　　)입니다.

① 책　　② 가방　　③ 연필　　④ 지우개

2.

가: 지금 뭐해요?

나: 책을 (　　　　　　).

① 사요　　② 타요　　③ 읽어요　　④ 쇼핑해요

※ [3~5] 밑줄 친 부분과 반대되는 뜻을 가진 것을 고르십시오.

3.

가: 어디예요?

나: 조금만 기다리세요. 지금 집에서 출발해요.

① 낚시해요　　② 도착해요　　③ 구경해요　　④ 올라가요

4.

가: 언제 집에 와요?

나: 보통 오후 6시에 퇴근해요.

① 귀가해요　　② 세수해요　　③ 회의해요　　④ 출근해요

5.

가: 저 분이 유진 씨 언니예요?

나: 아니요. 우리 언니는 머리가 더 길어요.

① 짧아요　　② 작아요　　③ 젊어요　　④ 멋있어요

※ [6~8] 밑줄 친 부분과 의미가 같은 것을 고르십시오.

6.

가: 뭘 먹고 싶어요?

나: 저는 비빔밥을 시킬 거예요.

① 탈 거예요 ② 빌릴 거예요 ③ 주문할 거예요 ④ 관람할 거예요

7.

가: 여행 준비는 다 했어요?

나: 네, 어제 비행기표를 미리 샀어요.

① 예매를 했어요 ② 샤워를 했어요 ③ 계획을 세웠어요 ④ 머리를 감았어요

8.

가: 주말에 뭘 할 거예요?

나: 친구와 같이 등산할 거예요.

① 낚시를 할 거예요 ② 서핑을 할 거예요

③ 휴가를 갈 거예요 ④ 산에 올라갈 거예요

※ [9~10] ( )에 알맞은 것을 고르십시오.

9.

지난 주말에 친구를 (   ) 강남에 갔어요.

① 사러 ② 쉬러 ③ 만나러 ④ 운동하러

10.

친구하고 축구 경기를 (   ) 같이 숙제를 할 거예요.

① 듣고 ② 만들고 ③ 요리하고 ④ 관람하고

※ [11~15] ( )에 알맞은 것을 고르십시오.

11.

교실( ) 시계가 없어요.

① 이 ② 을 ③ 에 ④ 에서

복습

12.

> 오늘 회의가 오후 7시(　　) 시작합니다.

① 가　② 를　③ 에　④ 에서

13.

> 토요일에 영화관(　　) 영화를 봅니다.

① 이　② 은　③ 에서　④ 으로

14.

> 숙소에서 지하철역(　　) 얼마나 걸려요?

① 에　② 까지　③ 에서　④ 으로

15.

> 여름 방학 때 일본에 배(　　) 갔어요.

① 로　② 하고　③ 에서　④ 까지

※ [16~20] (　　)에 알맞은 것을 고르십시오.

16.

> 가: 보통 아침에 뭘 해요?
> 나: 저는 보통 일찍 (　　) 운동을 해요.

① 일어나서　② 일어났고　③ 일어나러　④ 일어나지만

17.

> 가: 내일 친구랑 뭘 할 거예요?
> 나: 같이 밥을 (　　) 커피를 마실 거예요.

① 먹으러　② 먹어서　③ 먹지만　④ 먹은 후에

18.

> 가: 지난 주말에 뭘 했어요?
> 나: 일요일에 케이크를 (　　).

① 만들어요　② 만들었어요　③ 만드네요　④ 만들 거예요

19.

가: 오늘 비가 아주 많이 (　　).

나: 괜찮아요. 제가 우산이 2개 있어요.

① 오네요　② 왔어요　③ 옵니까　④ 오고 싶어요

20.

가: 할아버지께서 뭘 하세요?

나: 지금 거실에서 책을 (　　).

① 읽었어요　② 읽습니까　③ 읽으십니다　④ 읽고 싶어요

발음 팁

한국어의 받침 발음 1 (홑받침)

한국어의 받침은 'ㄱ, ㄴ, ㄷ, ㄹ, ㅁ, ㅂ, ㅇ'의 7개 자음만 발음합니다.
받침 'ㄴ, ㄹ, ㅁ, ㅇ'은 그대로 발음할 수 있습니다.

받침	발음	예시
ㄴ	[ㄴ]	손[손], 눈[눈]
ㄹ	[ㄹ]	줄[줄], 놀다[놀다],
ㅁ	[ㅁ]	몸[몸], 음식[음식]
ㅇ	[ㅇ]	공[공], 종[종]

하지만 받침 'ㄱ, ㄲ, ㅋ'는 대표음 [ㄱ]으로 발음하고, 받침 'ㄷ, ㅌ, ㅅ, ㅆ, ㅈ, ㅊ'는 대표음 [ㄷ]로 발음하고, 받침 'ㅂ, ㅍ'는 대표음 [ㅂ]으로 발음합니다.

받침	대표음	예시
ㄱ, ㄲ, ㅋ	[ㄱ]	학[학], 밖[박], 부엌[부억]
ㄷ, ㅌ, ㅅ, ㅆ, ㅈ, ㅊ	[ㄷ]	닫다[닫따], 옷[옫], 있다[읻따], 잊다[읻따], 꽃[꼳], 솥[솓]
ㅂ, ㅍ	[ㅂ]	입[입], 앞[압]

9 값도 비싸지 않고 맛있어요

학습 목표	제안하는 대화를 할 수 있다.
주제	한국 음식의 맛
어휘와 표현	맛 표현, 빈도 부사
문법	-(으)ㄹ까요?, -지 않다, -(으)ㄹ게요

이 음식의 이름이 무엇입니까?

여러분은 어느 음식을 가장 좋아합니까?

어휘 · 표현

알아보세요.

맛

맛있다

빵이 맛있어요.

맛없다

음식이 맛없어요.

싱겁다

라면이 싱거워요.
그래서 간장을 넣어요.

달다

꿀은 맛이 달아요.

짜다

소금은 맛이 짜요.

맵다

고추는 매워요.

쓰다

커피가 써요. 그래서
설탕을 넣어요.

시다

이건 레몬이에요.
맛이 시어요.

빈도 부사

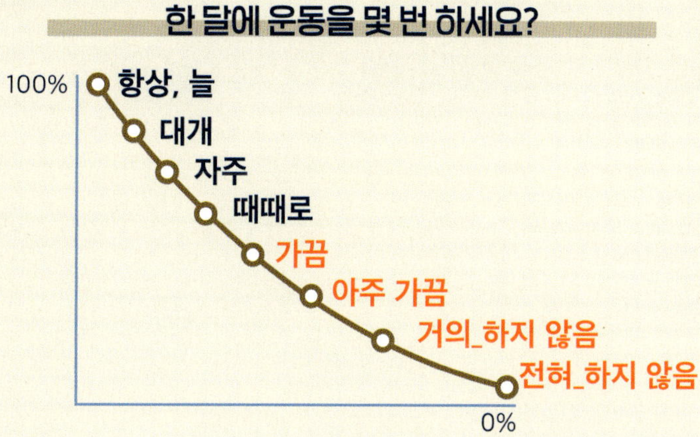

민수 씨는 얼굴이 편안합니다. 얼굴에 **항상** 미소가 있습니다.

마이 씨의 퇴근 시간은 날마다 다릅니다. 하지만 **대개** 7시 전에는 퇴근합니다.

유미 씨는 이 식당에 **자주** 옵니다. 일주일에 네다섯 번쯤 옵니다.

마이클 씨는 시간이 있으면 **때때로** 친구들과 농구를 합니다. 바빠서 자주 하지 못해요.

저는 커피를 별로 좋아하지 않아요. 그래서 커피는 **가끔** 마셔요.

할머니께서는 피아노를 잘 치십니다. 하지만 힘이 들어서 **아주 가끔** 치십니다.

오늘 시험이 있어요. 그래서 어제 **거의** 자**지 않**고 공부했어요.

제 동생은 채식주의자입니다. 그래서 고기를 **전혀** 먹**지 않**아요.

어휘 · 표현

연결하세요.

매일	일주일에 4번	한 달에 1번	1년에 0번
전혀	늘	자주	가끔

맛이 어때요? 쓰세요.

달다	맵다	짜다	시다	쓰다

보기 아이스크림은 달아요.

1. 레몬은 ______________________________.
2. 간장은 ______________________________.
3. 자몽은 ______________________________.
4. 사탕은 ______________________________.
5. 떡볶이는 ______________________________.

-(으)ㄹ까요?

가: 뭐 주문할까요?
나: 글쎄요. 불고기 먹을까요?

- 여름 휴가 때 같이 제주도에 놀러 갈까요?
- 여기서 같이 사진을 찍을까요?
- 이번주에는 무슨 책을 읽을까요?

동사에 붙어 듣는 사람에게 앞으로 할 일을 제안하며 의견이나 생각을 물어볼 때 사용한다.

받침이 있는 동사에는 '-을까요?', 받침이 없는 동사와 받침이 'ㄹ'인 동사에는 '-ㄹ까요?'를 사용한다.

받침 O	-을까요?	입을까요?
받침 X	ㄹ까요?	만날까요?
ㄹ 받침	ㄹ까요?	만들까요?

대화를 만드세요.

보기 가: 같이 영화를 볼까요 ?
나: 네, 좋아요. 같이 봐요.

1. 가: 금요일에 같이 ____________________?
   나: 네, 좋아요. 같이 농구해요.
2. 가: ____________________?
   나: 네, 좋아요. 차 마시러 가요.
3. 가: 어디에서 ____________________?
   나: 학교 앞에서 만나요.
4. 가: 뭘 ____________________?
   나: 불고기를 먹어요.

문법 2

-지 않다

가: 요즘 바빠요?
나: 아니요, **바쁘지 않아요**.

- 한글은 배우기가 **어렵지 않아요**.
- 저는 커피를 **마시지 않아요**.

동사와 형용사 뒤에 붙어 행위나 상태의 부정을 표현한다.

받침이 있든 없든 모두 '-지 않다'를 사용한다.

받침 O	-지 않다	살지 않아요
받침 X		비싸지 않아요

TIP! 서술어 앞에 '안'을 사용해 짧게 표현할 수도 있다.
예 바쁘지 않아요. - 안 바빠요.

문장을 만드세요.

보기 요즘 날씨가 좋아요.
➡ 요즘 날씨가 좋지 않아요 .

1. 저는 등산을 자주 합니다.

➡ ________________________________.

2. 이 가게는 일요일에 문을 열어요.

➡ ________________________________.

3. 다음 주 금요일은 근무합니다.

➡ ________________________________.

4. 지난 주말에 영화를 봤어요.

➡ ________________________________.

-(으)ㄹ게요

가: 유미 씨, 빨리 오세요.
나: 네, 지금 갈게요.

- 미안해요. 이따가 제가 다시 전화할게요.
- 오늘 저는 된장찌개를 먹을게요.

동사에 붙어 미래에 대한 의지나 약속을 나타낼 때 사용한다. 비격식적인 상황에서 비교적 가까운 사람과의 대화에서 사용한다.

받침이 있는 동사에는 '-을게요', 받침이 없는 동사와 받침이 'ㄹ'인 동사에는 '-ㄹ게요'를 사용한다.

받침 O	-을게요	읽을게요
받침 X	-ㄹ게요	쓸게요
ㄹ 받침	-ㄹ게요	만들게요

대화를 만드세요.

보기 가: 공항에 가서 전화하세요.
나: 네, 전화할게요.

1. 가: 내일부터 일찍 나오세요.
   나: 네, ______.
2. 가: 한국어 책을 많이 읽으세요.
   나: 네, 많이 ______.
3. 가: 누가 비행기표를 예매할 거예요?
   나: 제가 ______.
4. 가: 방을 청소하세요.
   나: 네, ______.

문법 연습

문장을 만드세요.

보기 우리 / 농구하다

➡ 우리 농구할까요?

1. 우리 / 한국 드라마를 보다

➡ ______________________?

2. 친구와 같이 / 스키장에 가다

➡ ______________________?

3. 저녁에 같이 / 공원을 걷다

➡ ______________________?

대화를 만드세요.

보기 가: 미안해요. 나는 커피를 마시지 않아요. (음료수를 주다)

나: 그러면 음료수를 줄게요.

1. 가: 제가 지금 바빠요. 다음에 통화할까요? (나중에 연락하다)

나: ______________________.

2. 가: 유미 씨한테 어떻게 연락해요? (이메일을 보내다)

나: ______________________.

3. 가: 흐엉 씨가 매운 음식을 좋아하지 않아요. (맵지 않게 요리하다)

나: ______________________.

대화를 잘 들으세요.

다카시: 유진 씨, 뭐 먹고 싶어요?

유 진: 저는 김밥이랑 떡볶이가 먹고 싶어요.

다카시: 잠깐만요. 제가 주문할게요.

유 진: 그런데 다카시 씨는 학생 식당에 자주 와요?

다카시: 네. 거의 매일 와요. 값도 비싸지 않고 맛있어요.

유 진: 그렇군요. 그럼, 내일 또 올까요?

다카시: 좋아요. 내일 또 같이 와요.

질문에 대답하세요.

1. 유진 씨가 식사를 주문합니까?

2. 다카시 씨는 왜 학생 식당에 자주 갑니까?

대화

대화를 만드세요.

마이클 이탈리아 식당에 자주 오다
분위기가 좋고 와인이 맛있다

마이 파스타가 먹고 싶다

마이클: 마이 씨, 뭐 ________________________________?

마 이: 저는 ____________________________ 먹고 싶어요.

마이클: 잠깐만요. 제가 주문할게요.

마 이: 그런데, 마이클 씨는 ____________________________?

마이클: 네. 자주 와요. ________________________________.

마 이: 그렇군요. 그럼, 내일 또 ________________________?

마이클: ____________________________. 내일 또 같이 와요.

써 보세요.

1. 다음 질문에 답을 쓰세요.

- 여러분이 자주 먹는 음식은 무엇입니까?
- 그 음식을 얼마나 자주 먹습니까?
- 그 음식은 맛이 어떻습니까?
- 그 음식을 친구에게 추천하고 싶습니까?

2. 블로그에 여러분이 좋아하는 음식을 추천하는 글을 쓰세요.

확인 점검

음식의 맛을 표현할 수 있다.	☐	☐	☐
제안하는 대화를 할 수 있다.	☐	☐	☐

10 유진 씨는 스케이트를 탈 수 있어요?

학습 목표	권유하는 대화를 할 수 있다.
주제	취미
어휘와 표현	운동, 날씨 표현
문법	-(으)ㄹ 수 있다, -아/어 보다, -(으)세요

사람들이 무엇을 하고 있습니까?

여러분은 무슨 운동을 자주 합니까?

어휘 · 표현

알아보세요.

운동

타다

자전거를 타다

스케이트를 타다

스키를 타다

보드를 타다

하다

마라톤을 하다

수영(을) 하다

축구(를) 하다

농구(를) 하다

야구(를) 하다

치다

탁구를 치다

테니스를 치다

배드민턴을 치다

골프를 치다

날씨

봄 **따뜻하다**

봄에는 날씨가 따뜻해요.

여름 **덥다**
비가 오다

여름 날씨는 더워요.
가끔 비도 와요.

가을 **시원하다**
바람이 불다

가을은 시원해요.
바람이 불어요.

겨울 **춥다**
눈이 내리다

겨울은 추워요.
그리고 눈이 내려요.

날씨가 맑다 – **날씨가 흐리다**

해가 떴어요. 날씨가 맑아요.
구름이 끼었어요. 날씨가 흐려요.

어휘 · 표현

연결하세요.

하다　　치다　　타다

날씨가 어때요? 쓰세요.

바람이 불다	춥다	비가 내리다	덥다

1. 

   ____

2. 

   ____

3. 

   ____

4. 

   ____

-(으)ㄹ 수 있다

가: 자전거를 탈 수 있어요?
나: 아니요. 자전거를 탈 수 없어요.

- 한국어 책을 읽을 수 있어요.
- 저는 불고기를 만들 수 있어요.
- 미안해요. 오늘은 만날 수 없어요.

동사 뒤에 붙어 어떤 일을 할 수 있는 능력이 있음을 표현한다. 어떤 일을 할 수 있는 능력이 없음을 표현할 때는 '-(으)ㄹ 수 없다'를 사용한다.

받침이 있는 서술어에는 '-을 수 있다', 받침이 없는 서술어나 받침이 'ㄹ'인 서술어에는 '-ㄹ 수 있다'를 사용한다.

받침 O	-을 수 있다/없다	읽을 수 있어요/ 없어요
받침 X	-ㄹ 수 있다/없다	탈 수 있어요/없어요
ㄹ 받침	-ㄹ 수 있다/없다	만들 수 있어요/없어요

문장을 만드세요.

보기 (하다 O) → 유진 씨는 수영을 할 수 있어요.

(하다 X) → 다나카 씨는 수영을 할 수 없어요..

1. (타다 O) → 저는 자전거를 ______________.

   (타다 X) → 제 동생은 자전거를 ______________.

2. (먹다 O) → 민수 씨는 매운 음식을 ______________.

   (먹다 X) → 나오 씨는 매운 음식을 ______________.

3. (걷다 O) → 저는 산책을 좋아해요. 오랫동안 ______________.

   (걷다 X) → 지금 다리가 아파요. 그래서 ______________.

문법 2

-아/어 보다

가: 김치를 먹을 수 있어요?

나: 아직 안 **먹어 봤어요**.

- 저는 한국에 한 번 **가 봤어요**.
- 이 책을 **읽어 봤어요**? 요즘 가장 인기가 있어요.
- 저는 제주도를 **여행해 봤어요**. 날씨가 따뜻하고 경치가 멋있었어요.

동사에 붙어 어떤 행위를 경험함을 나타낸다. 여행이나 취미와 같이 어떤 특별한 경험을 말할 때 사용하며 '-어 봤어요'로 사용된다.

'ㅏ, ㅗ' 모음 뒤에는 '-아 보다', 'ㅏ, ㅗ' 모음이 아닌 다른 모음 뒤에는 '-어 보다', '-하다' 뒤에는 '-여 보다'를 사용한다. '하여 보다'는 '해 보다'로 줄여 쓴다.

ㅏ, ㅗ	-아 보다	가 봤어요, 와 봤어요
ㅓ, ㅜ, ㅡ, ㅣ	-어 보다	먹어 봤어요, 입어 봤어요
-하다	-여 보다	캠핑해 봤어요

TIP! '-어 보세요'는 과거에 경험하지 않은 일을 시도함을 권할 때 사용한다.

예 가: 한국 노래를 부르고 싶어요.

나: 이 노래를 **들어 보세요**. 한국어를 **배워 보세요**.

문장을 만드세요.

보기 떡볶이를 먹었어요. ➡ 떡볶이를 먹어 봤어요.

1. 태권도를 했어요. ➡ ______________________.
2. 한복을 입었어요. ➡ ______________________.
3. 김치볶음밥을 만들었어요. ➡ ______________________.
4. 부산에 갔어요. ➡ ______________________.
5. 한국 민요 '아리랑'을 들었어요. ➡ ______________________.

-(으)세요

가: 머리가 아파요.
나: 약을 먹고 푹 쉬세요.

- 이 책을 크게 읽으세요.
- 마이클 씨, 이쪽으로 오세요.
- 하루에 30분씩 꼭 걸으세요.

동사 뒤에 붙어 상대방에게 어떤 일을 명령하거나 요청할 때 사용한다. 격식체에서는 '-(으)십시오'를 사용한다.

받침이 있는 서술어에는 '-으세요', 받침이 없는 서술어나 받침이 'ㄹ'인 서술어에는 '-세요'를 사용한다.

받침 O	-으세요	씻으세요
받침 X	-세요	가세요
ㄹ 받침	-세요	만드세요

대화를 만드세요.

보기 가: 한국어 발음이 어려워요. (따라 읽다)
나: 이 책을 따라 읽으세요.

1. 가: 도서관이 어디에 있어요? (가다)
나: 여기에서 오른쪽으로 ______________________.

2. 가: 약을 언제 먹어요? (드시다)
나: 식사 후에 ______________________.

3. 가: 국이 좀 싱거워요. (넣다)
나: 소금을 더 ______________________.

4. 가: 이 서류를 어디에 제출해요? (기다리다)
나: 잠깐만 ______________________.

문법 연습

문장을 만드세요.

보기 고향 집 / 비빔밥을 만들다

➡ 고향 집에서 비빔밥을 만들어 봤어요 ______.

1. 한강공원 / 컵라면을 먹다

➡ ______.

2. 수업 / 한국어로 발표하다

➡ ______.

3. SNS / 한국 사람과 문자로 대화를 하다

➡ ______.

대화를 만드세요.

보기 가: (스키를 타다) 스키를 탈 수 있어요?

나: 네, 탈 수 있어요. / 아니요, 탈 수 없어요.

1. 가: (김치를 먹다) ______?

나: 아니요, ______.

2. 가: (K-pop 춤을 추다) ______?

나: 네, ______.

3. 가: (주말에 우리 집에 오다) ______?

나: ______.

대화를 잘 들으세요.

유 진: 다카시 씨, 이제 이쪽으로 오세요.

다카시: 아이고, 힘들어.... 유진 씨는 스키를 정말 잘 타네요.

유 진: 제 고향은 겨울에 엄청 춥고 눈이 많이 와요.
그래서 어린이들도 스키를 탈 수 있어요.

다카시: 그렇군요. 저는 오늘 처음 스키를 타 봤어요.
그런데 재미있네요.

유 진: 다음에는 보드를 타 보세요. 그것도 재미있어요.

다카시: 좋아요. 다음에는 보드를 타 볼게요.

질문에 대답하세요.

1. 다카시 씨는 스키를 잘 탑니까?

2. 유진 씨는 어릴 때부터 스키를 탔습니까?

대화

대화를 만드세요.

마이클 야구를 잘하다, 어린이들이 야구를 하다

민수 야구를 처음 하다, 야구가 재미있다

마이클: 민수 씨, 이제 이쪽으로 ______________________.(오다)

민 수: 아이고. 힘들어….

마이클 씨는 야구를 ______________________.

마이클: 고향에는 어린이 야구팀이 많아요. 그래서 어린이들도

______________________________________.

민 수: 그렇군요. 저는 오늘 처음 야구를 ______________. (하다)

그런데 재미있네요.

마이클: 다음에는 크리켓을 해 보세요. 그것도 재미있어요.

민 수: 좋아요. 다음에는 ______________________.

써 보세요.

1. 다음 질문에 대답을 쓰세요.

- 여러분의 취미는 무엇입니까?
- 그 취미는 언제부터 하기 시작했습니까?
- 그 취미는 무엇이 재미있습니까?
- 친구에게 그 취미를 추천할 수 있습니까?

2. 여러분의 취미를 친구들에게 소개하세요.

확인 점검

취미에 관해 말할 수 있다.	☐	☐	☐
권유하는 대화를 할 수 있다.	☐	☐	☐

11 민수 씨한테 예쁜 꽃을 주고 싶어요

학습 목표	선물의 특징을 설명할 수 있다.
주제	기념일
어휘와 표현	기념일의 종류, 선물
문법	에게/한테, -(으)ㄴ/는 (명사), -지요?

오늘은 무슨 날입니까?

여러분은 언제 선물을 주고 받습니까?

어휘 · 표현

알아보세요.

기념일

결혼기념일

부모님께서는 30년 전 오늘 결혼하셨습니다.
오늘이 부모님의 결혼기념일이에요.

생신 - 돌 - 생일

오늘은 제 생일입니다.
내일은 할아버지의 생신입니다.
아기의 첫 번째 생일은 돌입니다.

크리스마스 - 성탄절

입학식 - 졸업식

어버이날(5월 8일)

한글날(10월 9일)

어린이날(5월 5일)

축하

축하

축하하다
축하를 받다
축하 모임을 하다
"생일을 축하합니다."
"생신을 축하드립니다."

선물

선물하다
선물을 주다
선물을 받다
선물을 포장하다
선물을 보내다

기념

기념하다
한글날을 기념하다
부모님께 감사드리다

어휘 · 표현

연결하세요.

어린이날 · 생신 · 돌 · 졸업식 · 어버이날

어떻게 인사해요? 쓰세요.

"생일 축하해요."	"졸업을 축하합니다."
"입학을 축하해요."	"생신을 축하드립니다."

1.

____

2.

____

3.

____

4.

____

-지요?

가: 이 음식 **맛있지요?**
나: 네. 정말 맛있네요.

- 한국어 공부가 **재미있지요?**
- 마이클 씨가 영어 **선생님이지요?**
- 할아버지께서는 **주무시지요?**

서술어의 뒤에 붙어 이미 알고 있는 사실을 재확인하며 질문할 때 사용한다. 평서문으로 표현하면 이미 알고 있는 사실을 확인하는 설명하는 데 사용된다.

서술어에 받침이 있든 없든 모두 '-지요'를 사용한다.

받침 O	-지요?	듣지요?
받침 X		가지요?

문장을 만드세요.

보기 한국은 겨울에 눈이 많이 옵니다.
➡ 한국은 겨울에 눈이 많이 오지요?

1. 8월은 한국에서 여름입니다.
➡ ______________________.

2. 마이 씨는 요즘 일이 많습니다.
➡ ______________________.

3. 부모님께서는 제주도에 여행하러 가셨습니다.
➡ ______________________.

4. 친구를 만나서 같이 영화를 볼 거예요.
➡ ______________________.

문법 2

(사람)에게/한테

가: 이 선물을 **누구에게** 줄 거예요?
나: **동생한테** 줄 거예요.

- 마이클은 **가족에게** 자주 연락합니다.
- 매일 **친구한테** 문자 메시지를 보내요.
- 유진이 **마이한테** 생일 선물을 주었어요.

사람 명사 뒤에 붙어 행위의 영향을 받는 대상임을 나타낸다. 함께 사용되는 서술어는 '주다, 선물하다, 보내다, 인사하다' 등이 있다. '한테'는 구어에, '에게'는 문어에 더 어울린다.

명사에 받침이 있든 없든 모두 '한테/에게'를 사용한다.

받침 O	한테/에게	동생에게 / 동생한테
받침 X	한테/에게	친구에게 / 친구한테

TIP! '에게/한테'의 높임 표현은 '께'이다.
예 어버이날에 부모님께 꽃을 선물했어요.
할머니께 학교와 친구들 이야기를 많이 해요.

문장을 만드세요.

보기 동생 - [선물을 주다] ➡ 누나
➡ 동생이 누나에게 선물을 주었어요.

1. 마이 - [질문하다] ➡ 선생님

➡ ________________________________.

2. 민수 - [문자를 보내다] ➡ 마이클

➡ ________________________________.

3. 저 - [중국어를 가르치다] ➡ 동생

➡ ________________________________.

-(으)ㄴ/는 (명사)

가: 지금 읽는 책이 뭐예요?
나: 쉬운 한국 소설이에요.

- 날이 덥네요. 짧은 바지가 필요해요.
- 이 식당에서 제일 맛있는 음식이 뭐예요?
- 저기가 마이클 씨가 근무하는 학교입니다.

문장의 주제를 표시한다. 서술어의 뒤에 붙어 뒤에 오는 명사를 수식하여 그 명사를 자세히 설명할 때 사용한다.

형용사는 받침이 있을 때 '-은', 받침이 없거나 'ㄹ'일 때 '-ㄴ'을 사용하고 동사는 받침이 있든 없든 항상 '-는'을 사용한다.

	형용사		동사	
받침 O	-은	넓은	-는	읽는
받침 X	-ㄴ	예쁜	-는	오는
ㄹ 받침	-ㄴ	긴	-는	사는

대화를 만드세요.

보기 가: 마이클 씨는 어떤 사람이에요? (친절하다)
나: 마이클 씨는 ___친절한___ 사람이에요.

1. 가: 민수 씨는 어떤 회사에 다녀요? (반도체를 만들다)
나: 민수 씨는 ____________________ 회사에 다녀요.

2. 가: 한국은 겨울에 눈이 많이 와요? (많이 오다)
나: 아니요. 눈이 ____________________ 날이 별로 없어요.

3. 가: 어떤 옷을 사고 싶어요?(시원하고 예쁘다)
나: ____________________ 옷을 사고 싶어요.

문법 연습

문장을 만드세요.

보기 가: 김치찌개를 좋아하지요?
나: 맞아요. 저는 김치찌개를 좋아해요.

1. 가: ______________________________?
   나: 네. 마이클 씨도 야구장에 자주 가요.

2. 가: 인도네시아에는 ______________________________?
   나: 그렇습니다. 우리 나라는 눈이 안 내립니다.

3. 가: ______________________________?
   나: 맞아요. 제가 지난주에 휴가를 다녀왔어요.

대화를 만드세요.

보기 가: 동생한테 생일 선물로 무엇을 보냈어요? (동생이 좋아하다 / 가수 앨범)
나: 동생이 좋아하는 가수 앨범을 보냈어요.

1. 가: ______________________________ 회사는 무슨 회사예요? (마이클 / 다니다)
   나: 은행이에요.

2. 가: ______________________________ 음식은 뭐예요? (유미 / 지금 먹다)
   나: 이건 불고기예요.

3. 가: 다카시 씨는 어떤 사람이에요? (예의 바르고 친절하다)
   나: ______________________________.

대화를 잘 들으세요.

마이: 민수 씨 생일이 화요일이지요? 뭐 선물할 거예요?

유진: 저는 재미있는 책을 준비했어요. 마이 씨는요?

마이: 저는 민수 씨한테 꽃을 선물하고 싶어요. 그런데 민수 씨가 좋아하는 꽃을 몰라요.

유진: 민수 씨는 장미꽃을 좋아해요. 제가 전에 민수 씨한테서 들었어요.

마이: 그럼 저는 장미를 선물할게요. 그런데, 민수 씨 생일 축하 파티는 어디에서 해요?

유진: 저도 몰라요. 제가 민수 씨한테 물어볼게요.

질문에 대답하세요.

1. 화요일에 무슨 일이 있어요?

2. 민수 씨는 무슨 선물을 받을 것입니까?

대화

대화를 만드세요.

[이번 주 토요일] 유진의 대학원 졸업식

유진이 좋아하는 색: 파란색

민수가 준비한 선물 : 예쁜 꽃다발

마이가 하고 싶은 선물: 티셔츠

마이: ______________________? 뭘 선물할 거예요?

민수: 저는 ______________________ 준비했어요.

마이 씨는요?

마이: 저는 ______________________ 선물하고 싶어요.

그런데 유진 씨가 ______________________ 몰라요.

민수: 유진 씨는 ______________________.

제가 전에 유진 씨한테서 들었어요.

마이: 그럼 저는 ______________________.

그런데 유진 씨 졸업 축하 파티는 어디에서 해요?

민수: 저도 몰라요. 제가 ______________________ 물어볼게요.

써 보세요.

1. 여러분 나라에는 어떤 특별한 기념일이 있습니까? 보기를 보고 메모하세요.

보기
- 어버이날
- 5월 8일
- 부모님께 선물을 드려요.
  부모님께 감사드려요.

- 기념일:
- 언제:
- 무엇:

2. 여러분 나라의 특별한 기념일을 소개하는 글을 쓰세요.

확인 점검

선물의 특징을 설명할 수 있다.	☐	☐	☐
기념일과 선물에 대해 말할 수 있다.	☐	☐	☐

12 우리 집에 놀러 올래요?

학습 목표	초대하는 대화를 할 수 있다.
주제	약속
어휘와 표현	초대와 약속, 연락
문법	-고 있다, -(으)면, -(으)ㄹ래요

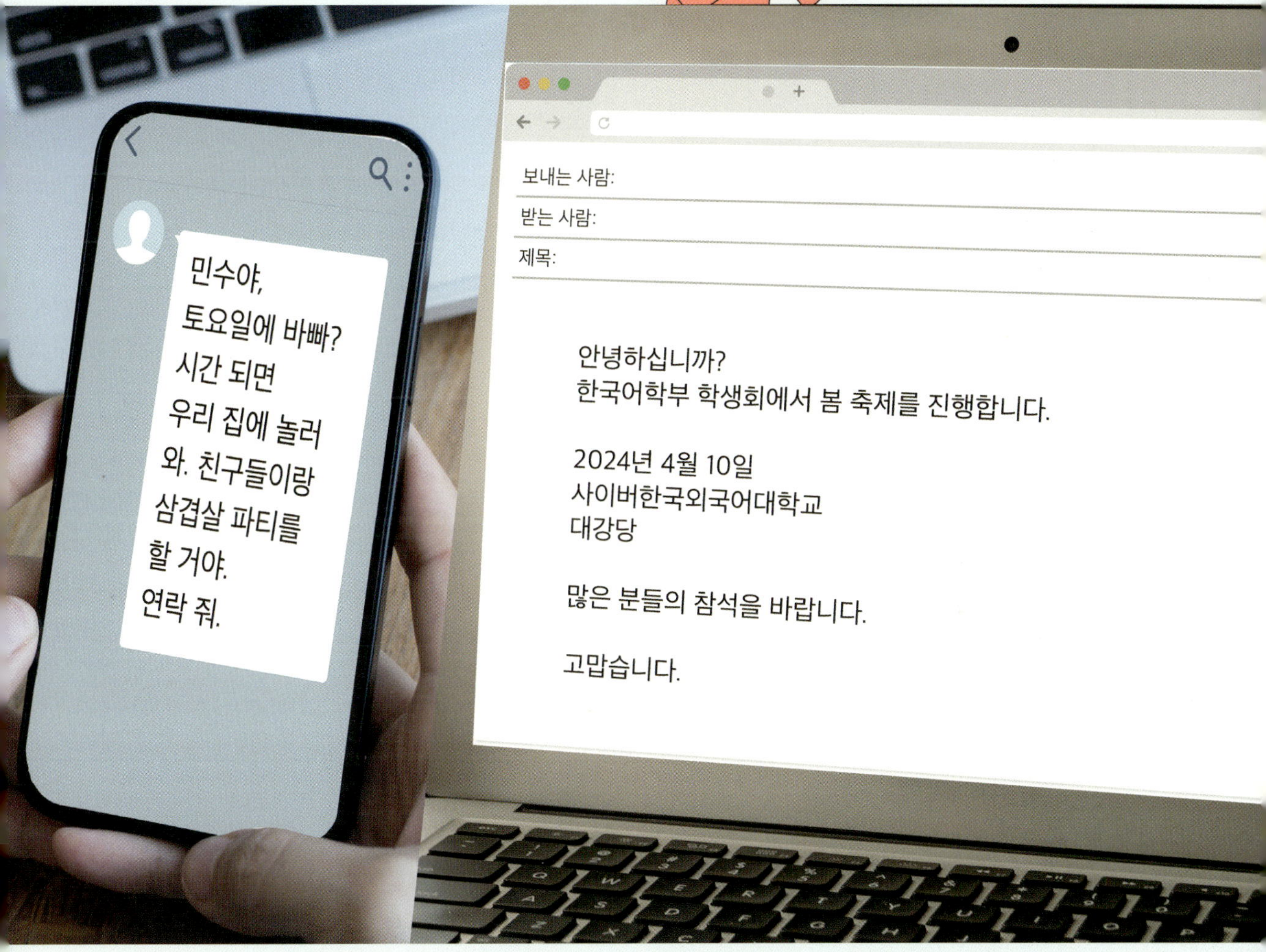

이것은 무슨 안내입니까?

여러분은 언제 사람들을 초대합니까?

어휘 · 표현

알아보세요.

초대와 약속

초대

초대장 | 초대권

초대하다 | 초대를 받다

제 친구는 오페라 가수예요.
친구는 공연에 사람들을 초대했어요.
저도 친구한테서 초대장을 받았어요.
초대장 안에 초대권이 있었어요.
초대권에는 공연 시간과 좌석 번호가 적혀 있어요.
친구의 초대를 받아서 정말 기뻐요.

수요일 오후 6시
한식당 '우리'
마이클 씨와 저녁

약속

약속 시간 | 약속 장소 | 식사 약속

약속이 있다 | 약속을 잡다

약속을 바꾸다 | 약속을 취소하다

수요일 저녁에 약속이 있어요.
마이클 씨와 저녁 식사 약속을 잡았어요.
약속 장소는 한식당 '우리'이고 약속 시간은 오후 6시예요.
그런데 조금 전에 마이클 씨한테서 전화가 왔어요. 수요일에 출장이 생겼어요.
그래서 우리는 수요일 약속을 취소하고 식사 약속을 금요일로 바꾸었어요.

연락

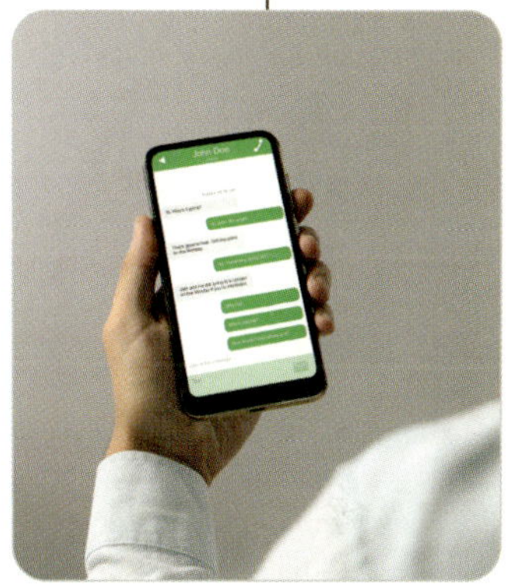

연락처 - 주소, 전화번호, 이메일 주소

연락하다 | 연락을 받다

전화/문자/이메일/SNS로 연락하다

전화를 걸다 | 전화가 오다 | 전화를 받다

통화를 하다 | 전화를 끊다

문자를 입력하다 | 문자를 보내다

이메일을 쓰다 | 이메일을 보내다

어휘 · 표현

연결하세요.

약속이 있다 · 약속을 바꾸다 · 약속을 취소하다 · 초대하다

점심 약속
오후 1시
→ 2시

~~오전 11시~~
~~회의~~

마이 씨, 이따가
우리 집에
식사하러
오세요.

저녁 6시,
도서관에서
과제 준비 미팅!

어떻게 연락해요? 쓰세요.

연락처	전화로 연락하다	문자를 입력하다	이메일을 쓰다

1.

오늘 오후
회의는
취소합니다.

____

2.

____

3.

82-1-2173-2376

Email:
korean@cufs.ac.kr

____

4.

안녕하세요?
저는....

____

-고 있다

가: 도서관 앞에서 뭘 해요?
나: 친구를 **기다리고 있어요**.

- 서울은 아침부터 가을비가 **내리고 있습니다**.
- 할아버지께서는 방에서 **주무시고 계십니다**.
- 제가 내일 오후에는 도서관에서 책을 **읽고 있을 거예요**.

동사의 뒤에 붙어 동작의 진행을 나타낸다.

받침 O	-고 있다	만들고 있어요
받침 X		공부하고 있습니다

문장을 만드세요.

보기

우리는 요즘 한국어를 공부하고 있어요.

1.

다카시는 지금 ____________________.

2.

마이는 어제 ____________________.

3.

민수는 지금 ____________________.

4.

마이는 지금 ____________________.

5.

민수와 다카시는 ____________________.

문법 2

-(으)면

가: 한국에 **가면** 무엇을 하고 싶어요?
나: 돈이 **많으면** 제주도에 가 보고 싶어요.

- 내일 비가 **오면** 축구 경기를 못 할 거예요.
- 매일 사과를 **먹으면** 건강에 좋습니다.
- 수업이 일찍 **끝나면** 같이 영화 보러 갈까요?

서술어(동사, 형용사 등)의 뒤에 붙어 조건이나 가정을 표현한다. '만약, 혹시' 등의 부사를 함께 사용할 수 있다.

받침 O	-으면	좋으면, 읽으면
받침 X	-면	가면, 기쁘면
ㄹ 받침	-면	멀면, 살면

문장을 만드세요.

보기 회사 일이 ___일찍 끝나면___ (일찍 끝나다) 전화할게요.

1. ____________________ (수업을 마치다) 점심 먹으러 갈 거예요.

2. ____________________ (음식이 싱겁다) 소금을 더 넣으세요.

3. 내일 ____________________ (날씨가 좋다) 같이 산책을 갈까요?

4. ____________________ (꽃을 선물하다) 민수 씨가 좋아할 거예요.

5. ____________________ (한국말을 잘하다) 무슨 일을 하고 싶어요?

-(으)ㄹ래요

가: 뭐 마실래? 커피 괜찮아?
나: 네. 커피 주세요. 고맙습니다.
다: 저는 물 마실래요. 조금 전에 커피를 마셨어요.

- 민수야, 바쁘니? 나 좀 도와줄래?
- 이따가 농구하러 갈래요?
- 나는 라면 먹기 싫어요. 밥 먹을래요.

동사 뒤에 붙어 말하는 사람의 의사를 표현한다. 말하는 대화에서 친구나 아랫사람 또는 아주 가까운 사람에게 사용할 수 있다.

받침 O	-을래요	먹을래요
받침 X	-ㄹ래요	볼래요
ㄹ 받침	-ㄹ래요	만들래요

대화를 만드세요.

보기 가: 밥 먹고 같이 산책할래요 ? (산책하다)
나: 네, 좋아요.

1. 가: 이 노래 참 좋네요. 같이 ______________________? (들어 보다)
나: 좋아요. 나도 들어 보고 싶어요.

2. 가: 마이 씨, 다리 아파요? ______________________? (의자에 앉다)
나: 아니요. 괜찮아요.

3. 가: 지하철역까지 내 차 타고 같이 갈래요?
나: 아니요. 저는 ______________________. (걸어서 가다)

4. 가: 바지와 치마, 오늘은 뭘 입을 거야?
나: 오늘은 ______________________. (치마를 입다)

문법 연습

문장을 만드세요.

보기 내일 / 눈이 내리다 / 스키장에 가다

➡ 내일 눈이 내리면 스키장에 갈 거예요.

1. 이따가 / 회의가 끝나다 / 나한테 연락하다

   ➡ ______________________________.

2. 학교를 졸업하다 / 고향으로 돌아가다

   ➡ ______________________________.

3. 돈을 많이 벌다 / 무엇을 하다

   ➡ ______________________________.

대화를 만드세요.

보기 가: 오늘은 뭐 먹을까?

나: 나는 김치볶음밥 ____먹을래____. 너는?

1. 가: 먼저 청소를 하고 그 후에 음식을 준비해요. 누가 ______________?

   나: 제가 청소할게요.

2. 가: 마이클 씨하고 다카시 씨가 안 왔어요. 제가 마이클 씨한테 연락할게요.
   다카시 씨한테 ______________?

   나: 제가 하겠습니다.

3. 가: 제주도하고 부산, 둘 중에 어디에 놀러 갈 거야?

   나: 돈이 있으면 나는 제주도에 ______________.

대화를 잘 들으세요.

민　수: 여보세요? 다카시 씨, 지금 뭐 해요?

다카시: 안녕하세요? 지금 학교 과제를 하고 있어요.

민　수: 아, 그러면 많이 바쁘겠네요.

다카시: 아니에요. 거의 다 했어요. 그런데 왜요?

민　수: 바쁘지 않으면 오늘 저녁에 우리 집에 놀러 올래요?

다카시: 좋지요. 그런데 혹시 오늘이 무슨 날이에요?

민　수: 사실은 오늘이 제 생일이에요. 그래서 가까운 친구들을 저녁 식사에 초대하고 싶어요.

질문에 대답하세요.

1. 다카시 씨는 지금 무엇을 하고 있습니까?

2. 민수는 왜 다카시에게 전화를 했습니까?

대화

대화를 만드세요.

 **마이** 지금 - 통역 회의 준비를 하다

 **유진** 내일 저녁 - 이사 후 친구들을 초대하고 싶다

유진: 여보세요? 마이 씨, ________________________________?

마이: 내일 통역 회의가 있어요.

그래서 ________________________________.

유진: 아, 그러면 많이 바쁘겠군요.

마이: 아니에요. 준비를 거의 다 했어요.

그런데 무슨 일로 ________________________________?

유진: 시간이 되면 내일 저녁에 우리 집에 ____________________?

마이: 좋지요. 그런데 내일 무슨 날이에요?

유진: 사실은 제가 이사를 했어요.

그래서 가까운 친구들을 ________________________________.

써 보세요.

1. 다음 질문에 대답을 쓰세요.

- 생일이 언제예요?
- 생일에 누구를 초대하고 싶어요?
- 그 사람과 무엇을 할 거예요?

2. 친구에게 여러분의 생일에 초대하는 글을 쓰세요. 그리고 친구에게 연락해서 초대하는 이야기를 하세요.

확인 점검

약속을 잡을 수 있다.	☐	☐	☐
초대하는 대화를 할 수 있다.	☐	☐	☐

13 한국 사람 집을 방문할 때 주의할 게 있어요?

학습 목표	금지와 의무를 표현할 수 있다.
주제	생활 예절
어휘와 표현	예절, 문화 차이
문법	-(으)ㄹ 때, -아/어야 하다, -(으)면 안 되다

이 사람들은 어떻게 인사하고 식사합니까?

여러분 나라의 문화와 한국의 문화는 무엇이 다릅니까?

어휘 · 표현

알아보세요.

예절

예의를 지키다

식사 예절

- 숟가락과 젓가락을 사용하다
- 윗사람이 먼저 식사하다

인사 예절

- 두 손을 모아 앞으로 맞잡다
- 허리를 굽혀 인사하다

예절

언어 예절

- 존댓말을 사용하다
- 인사를 하다

음주 예절

- 고개를 돌려 마시다
- 두손으로 잔을 잡다

문화 차이

문화 차이를 느끼다

사고방식이 다르다

생활 방식이 다르다

다양한 문화를 이해하다

문화 충격을 받다

어휘 · 표현

연결하세요.

허리를 굽혀 인사하다	두 손으로 잔을 잡다	숟가락과 젓가락을 사용하다

무엇이 맞아요? 쓰세요.

다르다	이해하다	느끼다	받다

1. 문화 차이를 ______________________

2. 다양한 문화를 ______________________

3. 문화 충격을 ______________________

4. 생활 방식이 ______________________

-(으)ㄹ 때

가: 시간 **있을 때** 뭐 해요?
나: 영화를 봐요.

- 한국 사람은 밥을 **먹을 때** 밥그릇을 들지 않아요.
- 저는 한국 드라마를 **볼 때** 자막이 필요해요.
- 10년 전에 중국에 **살 때** 중국어를 조금 배웠어요.

서술어(동사, 형용사 등)의 뒤에 붙어 동작, 상황이 일어나는 때를 나타낸다.

받침 O	-을 때	먹을 때, 좋을 때
받침 X	-ㄹ 때	볼 때, 슬플 때
ㄹ 받침	-ㄹ 때	살 때, 길 때

TIP! '명사+ 때'로 사용될 수 있다.
예 학생 때, 식사 때

대화를 만드세요.

보기 가: 언제 기분이 좋아요? (고향 친구와 전화하다)
나: 고향 친구와 전화할 때 기분이 좋아요.

1. 가: 언제 즐거워요? (친구를 만나다)
   나: ______________________ 즐거워요.
2. 가: 언제 힘들어요? (감기에 걸렸다)
   나: ______________________ 힘들어요.
3. 가: 언제 외로워요? (혼자 밥을 먹다)
   나: ______________________ 외로워요.
4. 가: 언제 따뜻한 음식이 먹고 싶어요? (날씨가 춥다)
   나: ______________________ 따뜻한 음식이 먹고 싶어요.

문법 2

-아/어야 하다

가: 다음 주에 시험이 있지요?
나: 네, 그래서 열심히 **공부해야 해요**.

- 우리는 가족이 많아서 집이 **넓어야 해요**.
- 회사에 갈 때는 여기에서 버스를 **타야 합니다**.
- 어렸을 때는 학교에 걸어서 **가야 했어요**.

서술어 뒤에 붙어 그 행위나 상태가 필요함을 나타낸다. 부사 '꼭, 반드시'를 함께 사용할 수 있다. 말할 때는 '-어야/아야/여야 되다'가 더 자주 사용된다.

ㅏ,ㅗ	-아야 하다	일어나야 하다, 싸야 하다
ㅓ, ㅜ, ㅡ, ㅣ	-어야 하다	있어야 하다, 커야 하다
-하다	-여야 하다	공부해야 하다, 깨끗해야 하다

문장을 만드세요.

보기 도서관에서는 조용히 해야 합니다 (조용히 하다).

1. 한국어 수업 시간에는 ______________________ (한국어로 말하다).
2. 내일 일찍 일어나고 싶으면 ______________________ (오늘 일찍 자다).
3. 차에 타면 ______________________ (안전벨트를 매다).
4. 건강하게 살고 싶으면 ______________________ (운동을 하다).
5. 해외여행을 갈 때는 ______________________ (여권이 있다).

-(으)면 안 되다

가: 실례합니다. 여기에서는 사진을 **찍으면 안 됩니다**.
나: 아, 몰랐어요. 죄송합니다.

- 비행기가 출발할 때 휴대전화를 **사용하면 안 됩니다**.
- 약을 먹은 후에 술을 **마시면 안 돼요**.
- 여기에 컵을 **놓으면 안 돼요**. 위험해요.

서술어(동사, 형용사 등)의 뒤에 붙어 행위나 상태의 금지 또는 제한을 나타낸다. '-으면 되다'는 행위나 상태의 허용을 나타낸다.

받침 O	-으면 안 되다	찍으면 안 됩니다
받침 X	-면 안 되다	학생이면 안 됩니다
ㄹ 받침	-면 안 되다	길면 안 됩니다

문장을 만드세요.

보기 교실에서 김밥을 먹어요.
➡ 교실에서 김밥을 먹으면 안 돼요.

1. 지하철에서 큰소리로 통화를 해요.
➡ ________________________.

2. 한국에서는 밥그릇을 손에 들고 먹어요.
➡ ________________________.

3. 집 안에 신발을 신고 들어가요.
➡ ________________________.

4. 수영하기 전에 준비 운동을 안 해요.
➡ ________________________.

문법 연습

문장을 만드세요.

보기  여기에서 자전거를 타면 안 됩니다.

1.  ______________________.

2.  ______________________.

3.  ______________________.

대화를 만드세요.

보기 가: 한국어 발음을 잘하고 싶어요. 어떻게 해야 해요?
(한국어를 많이 듣고 여러 번 따라하다)
나: 한국어를 많이 듣고 여러 번 따라해야 해요.

1. 가: 어떻게 하면 시청까지 빨리 갈 수 있어요? (지하철을 타다)
나: ______________________.

2. 가: 지갑을 잃어버렸어요? 어떻게 해요? (경찰서에 연락하다)
나: ______________________.

3. 가: 감기약은 언제 먹어요? (식사한 후에 먹다)
나: ______________________.

대화를 잘 들으세요.

다카시: 제가 한국 친구 가족한테서 초대를 받았어요. 한국 사람 집을 방문할 때 주의할 게 있어요?

김지안: 어른에게 인사할 때 손을 흔들지 마세요. 허리를 숙여서 인사해야 해요.

다카시: 아, 그건 알고 있어요. 또 무엇을 조심해야 해요?

김지안: 식사할 때 어른이 먼저 시작하신 후에 식사를 시작하세요. 그리고 밥을 먹을 때 밥그릇을 손에 들고 먹으면 안 돼요.

다카시: 그래요? 그건 몰랐어요. 고마워요.

김지안: 재미있겠어요. 잘 다녀오세요.

질문에 대답하세요.

1. 다카시 씨는 무엇을 알고 싶어요?

2. 한국에서 식사할 때 어떻게 해야 해요?

대화

대화를 만드세요.

유진

저녁에 회식에 처음 참석합니다.

한국의 회식 문화를 모릅니다.

민수

유진에게 한국의 음주 문화를 알려 줍니다.

[한국 문화] 술을 받을 때 두 손으로 받습니다.

윗사람과 술을 마실 때 몸을 돌려서 마십니다.

유진: 민수 씨, 제가 오늘 회사 회식에 처음 참석해요.

______________________ 주의해야 할 게 있어요?

민수: 한국의 ______________________를 알아야 해요.

유진: 좀 가르쳐 주세요.

민수: 술을 받을 때 한 손으로 ______________________.

두 손으로 ______________________.

유진: 그건 알고 있어요. 그리고 또 뭘 주의해야 해요?

민수: 윗사람과 술을 마실 때는 ______________________.

유진: 아, 그래요? 그건 몰랐어요. 알려줘서 고마워요.

써 보세요.

1. 다음 질문에 대답을 쓰세요.

- 한국 문화와 여러분 나라의 문화는 비슷해요, 달라요?
- 여러분 나라의 인사 예절, 식사 예절, 언어 예절 등은 한국과 무엇이 달라요?
- 한국 사람이 여러분 나라를 방문할 때 무엇을 주의해야 해요?

2. 한국인이 여러분 나라를 방문할 때 주의할 것에 대해 쓰세요.

확인 점검

한국의 예절을 이해할 수 있다.	☐	☐	☐
금지와 의무를 표현할 수 있다.	☐	☐	☐

14 바빠서 장을 보지 못했어요

학습 목표	이유와 부정 표현을 사용할 수 있다.
주제	장보기
어휘와 표현	장보기, 단위 명사
문법	-아/어서(이유), -지 못하다, -지만

이 사람은 무엇을 하고 있습니까?

여러분은 마트, 시장에서 무엇을 자주 삽니까?

어휘 · 표현

알아보세요.

장보기

어디에서
장을 봐요?

시장

마트

왜
장을 봐요?

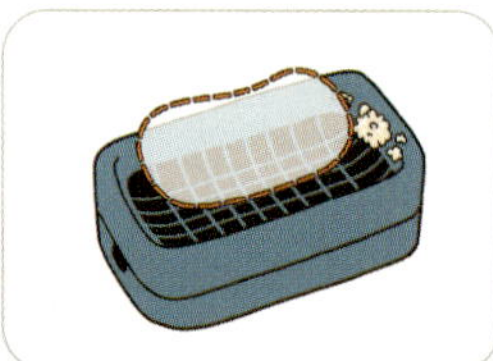

다 쓰다
비누를 다 썼어요.

다 떨어지다
계란이 다 떨어졌어요.

어떻게
장을 봐요?

장을 보다
마트에서 장을 봅니다.

인터넷으로 주문하다
인터넷으로 신발을 주문했어요.

가격은 어때요?

가격이 싸다

가격이 비싸다

할인하다/세일하다
10분 후부터 소고기를 30% 할인합니다.

단위 명사

책 [권]

책이 몇 권 있어요?
책이 세 권 있어요.

고양이 [마리]

고양이가 몇 마리 있어요?
고양이 한 마리가 있어요.

사과 [개]

과일이 몇 개 있어요?
사과 한 개, 오렌지 두 개 있어요.

사람 [명]

몇 사람이 있어요?
남자 세 명이 있어요.

병 [병]

주스가 몇 병 있어요?
세 병 있어요.

컵 [잔]

하루에 커피를 몇 잔 마셔요?
하루에 세 잔 마셔요.

종이 [장]

종이가 몇 장 필요해요?
열 장 주세요.

차 [대]

주차장에 차가 많아요?
아니요, 지금 두 대 있어요.

옷 [벌]

옷 몇 벌 샀어요?
코트 한 벌 샀어요.

신발 [켤레]

신발이 몇 켤레 있어요?
운동화 한 켤레하고 구두 두 켤레 있어요.

어휘 · 표현

연결하세요.

할인하다	다 떨어지다	장을 보다	가격이 싸다

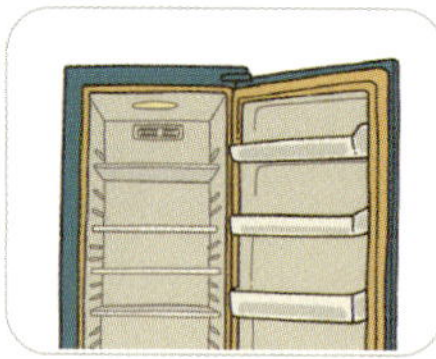

어떻게 수를 세요? 쓰세요.

개	명	마리	잔

1. 

주스 두 ______________

2. 

강아지 세 ______________

3. 

사람 네 ______________

4. 

공 다섯 ______________

-아/어서(이유)

가: 장을 보러 어디에 자주 가요?
나: 가격이 **싸서** 집 근처 마트에 가요.

- 집에 우유가 **없어서** 사러 가요.
- 마트에서 과일을 **할인해서** 많이 샀어요.
- 지금이 **세일기간이어서** 모든 제품을 싸게 팝니다.

서술어(동사, 형용사 등)의 뒤에 붙어 이유나 원인을 설명하거나 질문할 때 사용한다. 명령문이나 청유문에 사용할 수 없다.

모음이 'ㅏ/ㅗ'인 서술어에는 '-아서', 모음이 'ㅏ/ㅗ'가 아닌 서술어에는 '-어서', '-하다'가 있는 서술어에는 '-여서'를 사용한다. '-하여서'는 '-해서'로 쓰인다.

ㅏ, ㅗ	-아서	좋아서, 만나서
ㅓ, ㅜ, ㅡ, ㅣ	-어서	없어서, 주어서
-하다	-여서	행복해서, 공부해서

문장을 만드세요.

보기 가격이 싸고 음식이 맛있어서 이 식당에 자주 와요. (음식이 맛있다)

1. 이 드라마가 ____________________ 세 번 봤어요. (재미있다)

2. ____________________ 학교에 자전거를 타지 않고 걸어서 가요. (비가 오다)

3. 저는 ____________________ 매일 커피를 다섯 잔 마셔요. (커피를 좋아하다)

4. ____________________ 마트에 사람이 많아요. (오늘은 주말이다)

5. ____________________ 간식을 먹을 거예요. (배가 고프다)

문법 2

-지 못하다

가: 유진 씨, 운전할 수 있어요?
나: 아니요, 저는 운전을 **하지 못해요**.

- 저는 매운 음식을 **먹지 못해요**.
- 겨울옷이 너무 비싸서 **사지 못했어요**.
- 비가 많이 오면 축구 경기를 **하지 못할 거예요**.

동사 뒤에 붙어 어떤 행동을 할 능력이 없음을 나타낸다. 짧게 '못+동사'로 표현할 수도 있고 '-을 수 없다'로 표현할 수도 있다.

동사에 받침이 있든 없든 모두 '-지 못하다'를 사용한다.

받침 O	-지 못하다	먹지 못하다
받침 X		사지 못하다

문장을 만드세요.

보기 저는 수영을 합니다.
➡ 저는 수영을 하지 못해요.

1. 민수는 스키를 탑니다.
➡ ______________________.

2. 제 동생은 한국어를 읽습니다.
➡ ______________________.

3. 마이는 영어를 잘했어요.
➡ ______________________.

4. 다카시는 케이크를 만들 수 있어요.
➡ ______________________.

-지만

가: 저 식당은 음식이 어때요?
나: 조금 **비싸지만** 맛있어요.

- 마이클 씨는 키가 **크지만** 마이 씨는 키가 작아요.
- 다카시 씨는 한국에 **살지**만 가족은 모두 일본에 살아요.
- 유진 씨는 **외국인이지만** 김치를 잘 먹어요.

서술어 뒤에 붙어 앞 문장과 뒤 문장의 내용이 반대됨을 나타낸다. 글을 쓸 때는 '-으나'를 사용할 수 있다.

서술어에 받침이 있든 없든 모두 '-지만'을 사용한다.

받침 O	-지만	길지만, 먹지만
받침 X		싸지만, 주지만

문장을 만드세요.

보기 이 식당은 음식이 맛있어요. 하지만 가격이 비싸요.
➡ 이 식당은 음식이 맛있지만 가격이 비싸요.

1. 방이 좁아요. 하지만 깨끗해요.
   ➡ ______________________.
2. 편의점은 집에서 가깝습니다. 하지만 마트보다 물건 값이 비쌉니다.
   ➡ ______________________.
3. 회사 일이 어려워요. 하지만 재미있어요.
   ➡ ______________________.
4. 언니는 키가 큽니다. 하지만 저는 키가 작습니다.
   ➡ ______________________.

문법 연습

문장을 만드세요.

보기 여름 날씨 - 덥다 / 겨울 날씨 - 춥다

➡ 여름은 날씨가 덥지만 겨울은 날씨가 추워요.

1. 아버지 - 야구를 좋아하다 / 어머니 - 야구를 싫어하다

➡ ______________________________.

2. 마이클 - 바쁘다 / 매일 운동을 하다

➡ ______________________________.

3. 한국어 공부 - 쉽지 않다 / 저는 열심히 공부하다

➡ ______________________________.

대화를 만드세요.

보기 가: 왜 한국어를 공부하세요? (한국 사람과 대화하고 싶다)

나: 한국 사람과 대화하고 싶어서 한국어를 공부합니다.

1. 가: 왜 한국 회사에 취직하고 싶어요? (근무 환경이 좋다)

나: ______________________________.

2. 가: 요즘 왜 그렇게 바빠요? (새로운 프로젝트를 시작하다)

나: ______________________________.

3. 가: 왜 자동차를 안 타고 다녀요? (지하철이 편하고 빠르다)

나: ______________________________.

대화를 잘 들으세요.

유 진: 어머나, 마이 씨! 어디에 가요?

마이: 장을 보러 마트에 가요. 요즘 바빠서 장을 보지 못했어요.

유진: 그랬군요. 저는 바쁠 때는 인터넷으로 주문해요.

마이: 인터넷이 편리하지만 저는 직접 보고 사는 것을 좋아해요.

유진: 오늘은 마트에서 뭘 살 거예요?

마이: 음.... 라면이랑 두부, 그리고 주스 한 병을 살 거예요.

질문에 대답하세요.

1. 마이는 지금 어디에 갑니까?

2. 마이 씨는 인터넷으로 장을 봅니까?

대화

대화를 만드세요.

민수 마트보다 시장을 좋아하다, 시장 구경하는 것이 좋다

다카시 시장보다 마트를 좋아하다, 마트에 물건이 많다

다카시: 민수 씨, 안녕하세요? 어디에 가요?

민 수: 장을 보러 ______________________에 가요.

요즘 시간이 없어서 장을 보지 못했어요.

다카시: 그랬군요. 저는 마트에 ______________________

시장보다 마트를 더 좋아해요.

민 수: 저는 시장에서 ______________________

마트보다 시장을 더 좋아해요.

다카시: 오늘 시장에서 ______________________?

민 수: 음, 과일이랑 생선, 그리고 소고기 한 근을 살 거예요.

써 보세요.

1. 다음 질문을 읽고 대답을 쓰세요.

- 주로 어디에서 장을 봅니까? (마트, 백화점, 시장, 인테넷...)
- 왜 그곳을 자주 이용합니까?
- 장을 볼 때 무엇이 중요해요? (가격, 품질, 디자인...)
- 최근에 장을 언제 봤습니까?
- 무엇을 얼마나 샀습니까?

2. 여러분은 어떻게 장을 봐요? 여러분의 장보기에 대해 쓰고 이야기하세요.

확인 점검

장보기에 대한 대화를 할 수 있다.	☐	☐	☐
이유와 부정 표현을 사용할 수 있다.	☐	☐	☐

15 문화와 복습 2

학습 목표 한국의 식사 예절에 대해 이해할 수 있다.

쩝쩝

문화

읽어 보세요.

한국의 식사 예절

한국의 식사 예절은 중요한 문화입니다. 한국에서 다른 사람과 식사할 때 지켜야 할 몇 가지 예절을 알아봅시다.

먼저, 식사를 시작하기 전에 "잘 먹겠습니다."라고 인사하는데, 이는 음식을 준비해 준 사람에게 감사의 마음을 표현하는 말입니다. 식사를 시작할 때는 나이가 가장 많은 사람이 먼저 음식을 먹고, 그다음에 다른 사람들이 식사를 시작합니다.

또한, 한국에서는 여러 사람이 같은 반찬을 나눠 먹기 때문에 각자 자신의 숟가락이나 젓가락으로 덜어 먹는 것이 예의입니다. 이때 밥이나 국은 숟가락으로 먹고, 반찬은 주로 젓가락으로 먹습니다. 그리고 숟가락과 젓가락을 한 손에 같이 들고 먹는 것은 식사 예절에 어긋나며, 밥그릇을 손에 들고 먹는 것도 예의가 아니므로 조심해야 합니다. 밥그릇은 항상 식탁 위에 두고 숟가락으로 먹는 것이 좋습니다. 뿐만 아니라, 음식을 먹을 때 소리를 내지 않는 것도 중요한 예의입니다. 소리를 내고 먹는 것은 다른 사람에게 불편함을 줄 수 있으므로 조용히 먹는 것이 좋습니다.

마지막으로 식사를 마친 후에는 "잘 먹었습니다."라고 인사하며 감사의 마음을 다시 한번 표현할 수 있습니다.

이처럼 한국의 식사 예절은 서로를 존중하고 배려하는 마음을 담고 있습니다. 이러한 한국의 식사 예절을 잘 이해하면 한국에서 더욱 따뜻하고 즐거운 식사 경험을 할 수 있을 것입니다.

질문에 대답하세요.

1. 한국에서 식사하기 전과 식사 후에 어떻게 인사합니까?

2. 한국에서 식사할 때 지켜야 하는 것에 무엇이 있습니까?

? 여러분 나라와 한국의 식사 예절이 어떻게 다릅니까? 이야기해 보세요.

복습

다음 문제를 풀어 보세요.

※ [1~2] 그림을 보고 (　　)에 알맞은 것을 고르십시오.

1.

가: 떡볶이가 어때요?

나: 너무 (　　　　　).

① 짜요　　② 써요　　③ 시어요　　④ 매워요

2.

가: 주말에 주로 뭘 해요?

나: 친구들하고 탁구를 (　　　　　).

① 쳐요　　② 타요　　③ 해요　　④ 운동해요

※ [3~5] 밑줄 친 부분과 반대되는 뜻을 가진 것을 고르십시오.

3.

가: 꽃을 왜 샀어요?

나: 오늘 동생 졸업식에 가요.

① 입학식　　② 성탄절　　③ 한글날　　④ 어린이날

4.

가: 마이클 씨와 약속을 잡았어요?

나: 네, 약속 장소는 학교 앞 식당이에요.

① 초대했어요　　② 바꿨어요　　③ 취소했어요　　④ 입력했어요

5.

가: 학생 식당에 자주 가네요.

나: 네, 가격이 싸고 맛있어요.

① 맛있고　　② 비싸고　　③ 떨어지고　　④ 할인하고

※ [6~8] 밑줄 친 부분과 의미가 같은 것을 고르십시오.

6.

가: 오늘 비가 올까요?

나: 네, 지금 날씨가 많이 흐리네요.

① 따뜻하네요 ② 해가 떴네요 ③ 바람이 부네요 ④ 구름이 끼었네요

7.

가: 조금 전에 누구하고 통화했어요?

나: 친구한테서 전화가 와서 받았어요.

① 이메일을 썼어요 ② 전화를 했어요
③ 문자를 입력했어요 ④ 전화를 끊었어요

8.

가: 나라마다 문화가 달라서 재미있어요.

나: 맞아요. 문화가 다르면 생각하는 방법도 달라요.

① 사고방식 ② 생활 방식 ③ 문화 차이 ④ 문화 충격

※ [9~10] (　　)에 알맞은 것을 고르십시오.

9.

약속을 (　　　　　) 싶으면 미리 연락하세요.

① 받고 ② 보내고 ③ 바꾸고 ④ 초대하고

10.

계란이 다 (　　　　　) 장을 보러 가야 해요.

① 써서 ② 있어서 ③ 주문해서 ④ 떨어져서

※ [11~15] (　　)에 알맞은 것을 고르십시오.

11.

저는 일주일(　　) 세 번 자전거를 타요

① 이 ② 에 ③ 한테 ④ 에서

복습

12. 마이 씨가 유진 씨(　　) 문자를 보냈어요.

① 를　② 에　③ 한테　④ 한테서

13. 책상 위에 책이 세 (　　) 있습니다.

① 대　② 명　③ 잔　④ 권

※ [14~20] (　　)에 알맞은 것을 고르십시오.

14. 가: 다카시 씨가 (　　　　) 회사가 어디에 있어요?
나: 강남에 있어요.

① 다니　② 다니고　③ 다니는　④ 다니지만

15. 가: 주말에 같이 등산을 갈까요?
나: 네, 좋아요. 하지만 비가 (　　　　) 갈 수 없어요.

① 오면　② 와서　③ 오지만　④ 온 후에

16. 가: 매운 음식을 잘 먹어요?
나: 아니요, 매운 음식을 (　　　　) 잘 못 먹어요.

① 좋아하러　② 좋아하면　③ 좋아할 때　④ 좋아하지만

17. 가: 아까 전화를 왜 안 받았어요?
나: 미안해요. 샤워를 (　　　　).

① 할게요　② 해 보세요　③ 하지 않았어요　④ 하고 있었어요

18. 가: 마이클 씨는 스키를 탈 수 있어요?
나: 아니요. 한 번도 안 타 봐서 (　　　　).

① 탔어요　② 탈래요　③ 타 보세요.　④ 탈 수 없어요.

19.

가: 한국 대학교에 입학하고 싶어요.
나: 그럼 먼저 토픽 자격증을 (   ).

① 따지요 ② 따야 해요 ③ 따고 있어요 ④ 따면 안 돼요.

20.

가: 요즘도 축구를 자주 해요?
나: 아니요. 날씨가 추워서 자주 (   ).

① 할래요 ② 해 보세요 ③ 하지 못해요 ④ 할 수 있어요

발음 팁

한국어의 연음 규칙 1 (홑받침)

받침이 뒤에 모음으로 시작하는 조사나 어미가 올 때 뒤 음절 첫소리로 발음합니다. 모음으로 시작하는 조사는 '이', '에', '에서', '으로' 등이 있고, 모음으로 시작하는 어미는 '어서', '을 때', '으니까', '으면' 등이 있습니다.

옷	+	이	→	[오**시**]	있-	+	어서	→	[이**써**서]
병원	+	에	→	[병워**네**]	먹-	+	을 때	→	[머**글** 때]
약국	+	에서	→	[약꾸**게**서]	닫-	+	으니까	→	[다**드**니까]
앞	+	으로	→	[아**프**로]	잡-	+	으면	→	[자**브**면]

그런데 받침 뒤에 모음 'ㅏ, ㅓ, ㅗ, ㅜ, ㅟ'로 시작하는 다른 단어가 있을 때는 대표음으로 바꾸어서 뒤 음절 첫소리로 발음합니다. 예를 들어서, '밭' 뒤에 조사 '에'가 오면 [바테]로 발음하지만, '밭' 뒤에 단어 '아래'가 오면 받침 'ㅌ'의 대표음 'ㄷ'으로 바꾸어서 [바다래]로 발음합니다.

밭 아래 [바**다**래], 늪 앞[느**밥**], 맛없다[마**덥**따], 겉옷[거**돋**], 헛웃음[허**두**슴], 꽃 위[꼬**뒤**]

16 종합 연습

다음 문제를 풀어 보세요.

※ [1-6] 다음은 무엇에 대한 내용입니까? 알맞은 것을 고르십시오.

1. 커피가 씁니다. 설탕이 답니다.

① 맛　② 가족　③ 장소　④ 계절

2. 저는 회사원입니다. 제 친구는 요리사입니다.

① 직업　② 나이　③ 가족　④ 나라

3. 책상 위에 노트북과 책이 있습니다. 연필은 없습니다.

① 이름　② 물건　③ 요리　④ 시간

4. 오늘은 학교에 가지 않습니다. 카페에 갑니다.

① 숫자　② 요일　③ 계절　④ 장소

5. 여름에 비가 많이 옵니다. 그리고 많이 덥습니다.

① 맛　② 외모　③ 날씨　④ 취미

6. 저는 스키를 타고, 친구는 야구를 합니다.

① 초대　② 날짜　③ 요일　④ 운동

※ [7-20] (　　)에 들어갈 말로 가장 알맞은 것을 고르십시오.

7. 오늘은 친구의 생일입니다. (　　　　)을 삽니다.

① 가족　② 한글　③ 선물　④ 식당

8. 일주일에 다섯 번 산책을 합니다. 산책을 (　　　　) 합니다.

① 전혀　② 가끔　③ 자주　④ 항상

9. 오늘은 화요일입니다. 내일은 (　　　　)입니다.

① 금요일　② 수요일　③ 월요일　④ 일요일

10. 여름방학이라서 오랜만에 고향에 갑니다. 공항에서 (　　　　)을/를 탑니다.

① 기차　② 비행기　③ 자전거　④ 지하철

11. 우리 집에는 고양이 두 (　　　　)이/가 있습니다.

① 권　② 개　③ 마리　④ 켤레

12. 도서관에서 책을 (　　　　). 집에 와서 책을 읽습니다.

① 나갑니다　② 감습니다　③ 빌립니다　④ 가르칩니다

13. 아침 7시에 (　　　　). 세수하고 아침 식사를 합니다.

① 봅니다　② 잡니다　③ 만납니다　④ 일어납니다

14. 저는 한국 사람(　　　　) 아닙니다. 태국 사람입니다.

① 가　② 이　③ 에　④ 을

종합 연습

15.

> 내일 친구의 졸업식이 있습니다. 친구(　　　　　) 꽃을 줄 겁니다.

① 를　② 도　③ 부터　④ 한테

16.

> 부산에서 서울(　　　　　) 기차를 탑니다. 3시간 정도 걸립니다.

① 이　② 을　③ 까지　④ 처럼

17.

> 어제 신발 가게에서 새 운동화를 (　　　　　).

① 삽니다　② 샀습니다　③ 살 겁니다　④ 사고 싶습니다.

18.

> 주말에는 집에서 (　　　　　) 가족들과 함께 먹어요.

① 요리해서　② 요리하러　③ 요리하네　④ 요리하지만

19.

> 가: 우리 같이 (　　　　　)?
>
> 나: 네, 좋아요. 지금 출발해요.

① 산책합니다　② 산책할까요　③ 산책하네요　④ 산책할게요

20.

> 나중에 이 꽃을 (　　　　　) 친구가 좋아할 거예요.

① 선물하러　② 선물하면　③ 선물해서　④ 선물하지만

※ [21-26] 다음을 읽고 내용이 같은 것을 고르십시오.

21.

> 제 친구 미노리 씨를 소개합니다. 미노리 씨는 일본 사람입니다. 고향에 있는 은행에서 일합니다. 우리는 한국어 수업에서 만났습니다.

① 미노리 씨는 한국 사람입니다.

② 저와 미노리 씨는 친구입니다.

③ 미노리 씨는 일을 하지 않습니다.

④ 저는 미노리 씨를 일본어 수업에서 만났습니다.

22.

> 우리 가족은 부모님과 언니, 저, 남동생 이렇게 다섯 명입니다. 부모님은 두 분 모두 회사원이십니다. 언니는 영어 선생님이고, 동생은 의사입니다.

① 언니는 의사입니다.

② 어머니는 회사원이십니다.

③ 우리 가족은 모두 네 명입니다.

④ 아버지는 영어 선생님이십니다.

23.

> 우리 집에는 거실과 주방, 화장실 그리고 방이 세 개 있습니다. 제 방은 화장실의 오른쪽에 있습니다. 제 방에는 책상과 의자, 침대가 있습니다. 책상 위에는 가족 사진이 있습니다.

① 우리 집에는 거실이 없습니다.

② 제 방은 화장실의 왼쪽에 있습니다.

③ 제 방에는 책상과 침대가 있습니다.

④ 제 책상 위에는 아무것도 없습니다.

종합 연습

24.

> 오늘은 오전에 한국어 수업이 있어서 학교에 갑니다. 수업이 끝나고 친구들과 학생 식당에서 점심을 먹습니다. 오후에는 수업이 없습니다. 그래서 오랜만에 영화관에 영화를 보러 갈까 합니다.

① 오늘은 수업이 없는 날입니다.

② 저는 점심에 혼자 밥을 먹습니다.

③ 저는 요즘 자주 영화관에 갑니다.

④ 저는 오전에 한국어를 공부합니다.

25.

> 지난 주말에 저는 백화점에 다녀왔습니다. 겨울이 되어서 새 옷을 사러 갔습니다. 하지만 옷이 너무 비싸서 사지 않았습니다. 백화점 근처에서 맛있는 빵을 사고 돌아왔습니다.

① 지금 계절은 여름입니다.

② 저는 주말에 옷을 샀습니다.

③ 백화점의 옷은 많이 비쌉니다.

④ 저는 백화점 근처에서 커피를 샀습니다.

26.

> 저는 여행을 좋아합니다. 한 달에 한 번 정도 여행을 합니다. 수영을 좋아해서 보통 바다에 자주 갑니다. 시간이 많이 있으면 다른 나라로 여행을 갑니다. 작년에는 중국, 영국, 인도네시아에 갔습니다.

① 저는 영국 여행을 했습니다.

② 저는 수영을 할 수 없습니다.

③ 일 년에 한 번 정도 여행을 합니다.

④ 저는 여행을 전혀 좋아하지 않습니다.

※ [27-32] 다음을 읽고 중심 내용을 고르십시오.

27.

> 저는 미술관에 자주 갑니다. 미술관에 가면 기분이 좋습니다. 이번 주말에도 미술관에 갈 겁니다. 빨리 주말이 오면 좋겠습니다.

① 저는 미술관에서 일합니다.
② 저는 미술관을 좋아합니다.
③ 제 집 주변에 미술관이 없습니다.
④ 이번 주말에는 미술관에 못 갑니다.

28.

> 저는 요리를 자주 합니다. 보통 저녁에 집 앞 마트에서 장을 보고 와서 요리를 합니다. 대개 한국 요리를 하지만 다른 요리도 할 수 있습니다. 제 요리는 늘 맛있어서 가족들도 좋아합니다.

① 저는 요리를 잘합니다.
② 저는 요리를 거의 하지 않습니다.
③ 저는 한국 요리를 할 수 없습니다.
④ 가족들은 제 요리를 좋아하지 않습니다.

29.

> 저는 시간이 있을 때 자주 운동을 합니다. 특히 배드민턴을 좋아해서 일주일에 세 번 배드민턴을 칩니다. 다른 사람과 함께 하는 운동도 좋아하고, 혼자 할 수 있는 운동도 좋아합니다.

① 저는 운동 선수입니다.
② 제 취미는 운동입니다.
③ 저는 배드민턴을 칠 수 없습니다.
④ 혼자 하는 운동은 좋아하지 않습니다.

종합 연습

30.

> 오늘은 제 조카의 생일입니다. 저는 조카를 위해 귀여운 옷을 샀습니다. 오늘 조카를 보러 갈 수 없어서 지난 주말에 미리 선물을 주었습니다. 다행히 조카가 선물을 좋아했습니다.

① 조카는 옷이 많습니다.

② 오늘 조카와 만났습니다.

③ 다음 주말에 조카를 보러 갈 겁니다.

④ 저는 조카에게 생일 선물을 주었습니다.

31.

> 얼마 전에 유정 씨가 이사를 했습니다. 그래서 저를 집에 초대했습니다. 오늘 저녁에 유정 씨의 집에 갑니다. 저는 선물을 준비했습니다. 편지를 쓰고, 열심히 포장해서 유정 씨에게 줄 겁니다.

① 오늘은 유정 씨의 생일입니다.

② 저는 오늘 약속을 취소했습니다.

③ 유정 씨는 저에게 편지를 썼습니다.

④ 저는 유정 씨의 집에 초대를 받았습니다.

32.

> 내년 여름에는 쉬는 날이 많습니다. 그래서 저는 미리 휴가 계획을 세우고 있습니다. 멀리 여행을 가고 싶어서 독일이나 스페인에 갈까 합니다. 비행기 표를 사려면 돈이 많이 필요하기 때문에 열심히 아르바이트를 해야 합니다.

① 저는 독일을 여행한 적이 있습니다.

② 비행기 표는 별로 비싸지 않습니다.

③ 저는 내년 휴가를 계획하고 있습니다.

④ 다음 휴가는 가까운 곳으로 갈까 합니다.

※ [33-35] 다음을 읽고 물음에 답하십시오.

저는 친구와 함께 살고 있습니다. 우리는 일주일에 한 번 함께 집 앞 마트에 가서 장을 봅니다. 집 앞 마트는 가격이 싸서 좋습니다. 특히 고기와 우유가 싸서 자주 삽니다. (   ) 과일하고 계란은 비쌉니다. 그래서 과일을 살 때는 역 근처 시장에 갑니다. 마트는 물이 싸지만 물병이 무거워서 마트에서 사면 힘듭니다. 물은 항상 인터넷으로 주문합니다.

33. (   )에 들어갈 말로 가장 알맞은 것을 고르십시오.

① 또
② 그러면
③ 그리고
④ 그런데

34. 윗글의 내용과 같은 것을 고르십시오.

① 저는 혼자 마트에 갑니다.
② 집 앞 마트는 계란이 쌉니다.
③ 저는 시장에서 과일을 삽니다.
④ 저는 물을 살 때 시장에 갑니다.

35. 이 사람은 어디에서 무엇을 삽니까?

	마트	시장	인터넷
①	고기	과일	물
②	우유	고기	과일
③	과일	우유	계란
④	물	계란	고기

부록

모범 답안

1과

■ 어휘와 표현

◎ 연결하세요.

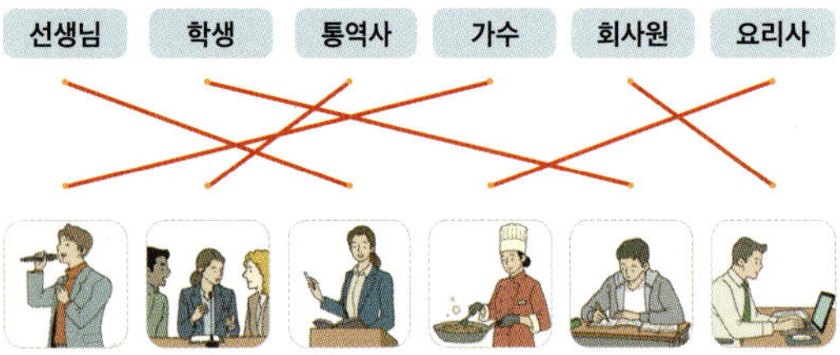

■ 문법 1

◎ 문장을 만드세요.

1. 저는 의사예요.
2. 민수는 회사원이에요.
3. 저는 선생님이에요.
4. 마이클은 운동선수예요.
5. 동생은 요리사예요.

■ 문법 2

◎ 문장을 만드세요.

1. Q: 경찰관입니까? A: 네, 경찰관입니다.
2. Q: 연예인입니까? A: 네, 운동선수입니다.
3. Q: 간호사입니까? A: 네, 간호사입니다.
4. Q: 승무원입니까? A: 네, 승무원입니다.
5. Q: 미용사입니까? A: 네, 미용사입니다.

■ 문법 3

◎ 알맞은 말을 고르세요.

1. 마이클(☑은 □는) 선생님이에요.
2. 민수(□은 ☑는) 회사원이에요.
3. 아흐메드(□은 ☑는) 이집트 사람입니다.
4. 마이(□은 ☑는) 베트남 통역사입니다.
5. 유진(☑은 □는) 의사입니다.

■ 문법 연습

◎ 문장을 만드세요.

1. 마이클은 호주 사람이에요. / 마이클은 호주 사람입니다.
2. 마이는 대학생이에요. / 마이는 대학생입니다.
3. 흐엉은 베트남 사람이에요. / 흐엉은 베트남 사람입니다.

◎ 대화를 만드세요.

1. 나: 아니요, 인도네시아 사람이에요.
2. 나: 아니요, 마이클은 호주 사람입니다.
3. 나: 저는 회사원입니다.

■ 대화

◎ 질문에 대답하세요.

1. 아니요, 민수 씨는 회사원입니다.
2. 마이 씨는 베트남 사람이에요.

◎ 대화를 만드세요.

유진: 안녕하세요? 저는 유진이에요.
마이클: 안녕하세요? 저는 마이클이에요. 저는 미국 사람이에요.
유진: 반갑습니다. 마이클 씨는 회사원이에요?
마이클: 아니요, 저는 선생님이에요. 유진 씨는요?
유진: 저는 의사예요.

■ 활동

◎ 읽어 보세요.

2. 다음을 쓰세요.
   (1) 히엔입니다.
   (2) 베트남 사람입니다.
   (3) 아니요, 대학생입니다.

2과

■ 어휘와 표현

◎ 연결하세요.

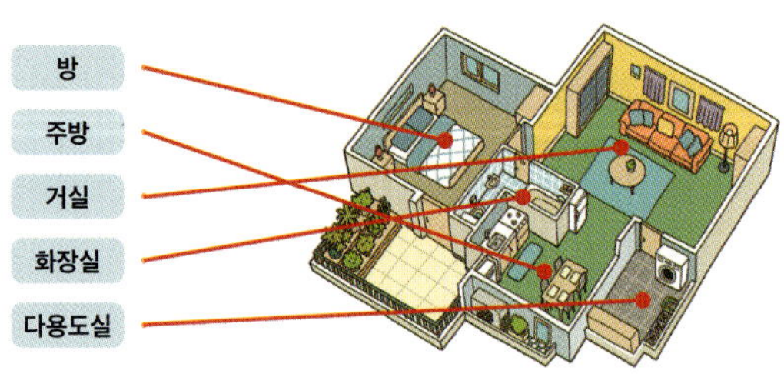

◎ 단어를 쓰세요.

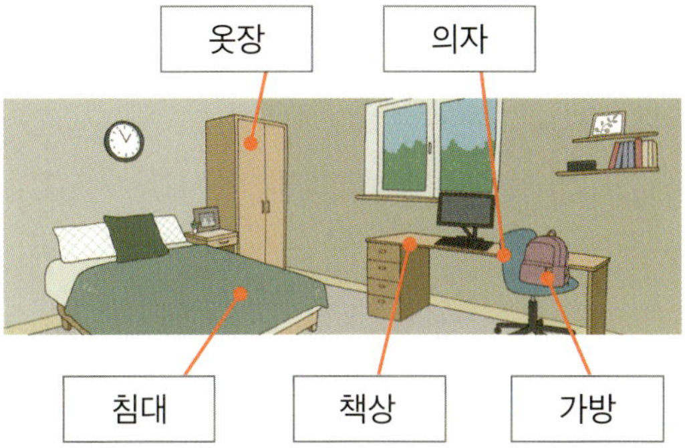

■ 문법 1

◎ 알맞은 말을 고르세요.

1. 방(☑이 ☐가) 넓어요.
2. 여기(☐이 ☑가) 제 집이에요.
3. 동생(☑이 ☐가) 방에 있어요.
4. 저는 노트북(☑이 ☐가) 없어요.
5. 침대(☑이 ☐가) 커요.

■ 문법 2

◎ 문장을 만드세요.

1. 김치가 좋아요.
2. 책을 읽어요.
3. 음식이 맛있어요.
4. 마이클은 한국어를 공부해요.
5. 과일이 싸요.

■ 문법 3

◎ 문장을 만드세요.

1. 교실에 시계가 있어요.
2. 집에 세탁기가 없어요.
3. 가방에 휴대 전화가 있어요.
4. 지갑에 학생증이 없어요.
5. 방에 컴퓨터가 없어요.

■ 문법 연습

◎ 문장을 만드세요.

1. 학교가 커요.
2. 음식이 맛있어요.
3. 방에 책상이 있어요.

◎ 대화를 만드세요.

1. 좁아요.
2. (동생은) 집에 있어요.
3. 한국어 책이 거실에 있어요.

■ 대화

◎ 질문에 대답하세요.

1. 기숙사에 살아요.
2. 책상하고 침대가 있어요.

◎ 대화를 만드세요.

가: 유진 씨는 원룸에 살아요?
나: 네, 원룸에 살아요.
가: 원룸에 에어컨이 있어요?
나: 네. 에어컨하고 냉장고가 있어요.
가: 세탁기도 있어요?
나: 아니요, 세탁기는 없어요.

3과

■ 어휘와 표현

◎ 시간을 한글로 쓰세요.

2. 다섯 시
3. 열 시
4. 두 시 십오 분
5. 네 시 삼십 분/ 네 시 반
6. 여섯 시 사십오 분
7. 아홉 시 오십 분
8. 열두 시 오십오 분
9. 세 시 이십육 분
10. 여덟 시 삼십칠 분

■ 문법 1

◎ 알맞은 말을 고르세요.

1. 마이클은 친구(☐을 ☑를) 만나요.
2. 다카시는 점심(☑을 ☐를) 먹어요.
3. 유진은 커피(☐을 ☑를) 마셔요.
4. 민수는 음악(☑을 ☐를) 들어요.
5. 마이클은 학생(☑을 ☐를) 가르쳐요.

■ 문법 2

◎ 문장을 만드세요.

1. 미셸은 일요일에 친구를 만나요.
2. 다카시는 매일 오후 세 시에 줌 회의를 해요.

3. 마이클은 토요일 저녁에 공원에 가요.
4. 마이는 낮 열두 시에 점심을 먹어요.

■ 문법 3

◎ 문장을 만드세요.

1. 여덟 시에 집에 갑니다./ 여덟 시에 집에 갑니까?
2. 주말에 운동합니다. / 주말에 운동합니까?
3. 날마다 책을 읽습니다. / 날마다 책을 읽습니까?
4. 외국어를 공부합니다. / 외국어를 공부합니까?

■ 문법 연습

◎ 문장을 만드세요.

1. 마이 씨는 월요일 오전 열 시에 회의를 합니다.
2. 다카시는 토요일에 영화를 봅니다.
3. 마이클은 매일 저녁에 음악을 듣습니다.

◎ 대화를 만드세요.

1. 친구를 만납니다.
2. (회의는) 수요일 오후 두 시에 합니다.
3. 오후 여섯 시에 퇴근합니다.

■ 대화

◎ 질문에 대답하세요.

1. (유진 씨는) 보통 여덟 시에 출근합니다.
2. (민수 씨는) 아침에 중국어를 공부합니다.

◎ 대화를 만드세요.

마이: 마이클 씨는 몇 시에 학교에 가요?
마이클: 보통 여덟 시에 가요. 마이 씨는 어때요?
마이: 저는 여섯 시 삼십 분에 출근해요.
마이클: 왜 그렇게 일찍 출근해요?
마이: 먼저 일곱 시에 운동해요. 그리고 아홉 시에 일을 시작해요.

4과

■ 어휘와 표현

◎ 연결하세요.

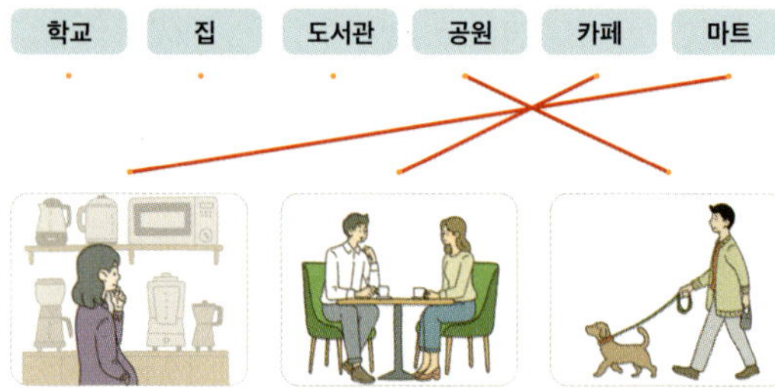

◎ 알맞은 단어를 쓰세요.

과거	현재	미래
어제	금년	이따가
아까	오늘	내일
작년	지금	내년

■ 문법 1

◎ 문장을 만드세요.

1. 집에서 쉬어요. / 집에서 쉽니다.
2. 공원에서 운동해요. / 공원에서 운동합니다.
3. 도서관에서 책을 읽어요. / 도서관에서 읽습니다.
4. 극장에서 영화를 봐요. / 극장에서 봅니다.

■ 문법 2

◎ 문장을 만드세요.

1. 마이는 지난주에 통역을 했어요.
2. 다카시는 작년에 한국에 왔어요.
3. 미셸은 어제 밤에 영화를 봤어요.
4. 마이클은 2년 전에 회사원이었어요.

■ 문법 3

◎ 문장을 만드세요.

1. 카페에 친구를 만나러 갑니다.
2. 어제 식당에 밥을 먹으러 갔습니다.
3. 6개월 전에 한국에 공부하러 왔습니다.
4. 지난주에 백화점에 옷을 사러 갔습니다.

■ 문법 연습

◎ 문장을 만드세요.

1. 지난 토요일에 영화관에서 영화를 봤어요.
2. 작년에 고향에서 회사에 다녔어요.
3. 2년 전에 식당에서 아르바이트를 했어요.

◎ 대화를 만드세요.

1. 친구를 배웅하러 가요.
2. 점심을 먹으러 가요.
3. 우유를 사러 갔어요.

■ 대화

◎ 질문에 대답하세요.

1. (다나카 씨는) 주말에 강남에서 친구를 만났어요. 친구하고 점심을 먹었어요.
2. (마이 씨는) 쇼핑몰에 치마를 사러 갔어요.

◎ 대화를 만드세요.

마이클: 유진 씨는 토요일에 뭐 했어요?
유진: 강남에 갔어요. 강남에서 후배를 만났어요.
마이클: 후배하고 뭐 했어요?
유진: 후배하고 영화를 봤어요. 마이클 씨는 토요일에 뭐 했어요?
마이클: 저는 쇼핑했어요. 마트에 먹을거리를 사러 갔어요.

5과

■ 어휘와 표현

◎ 어디에서 타요? 연결하세요.

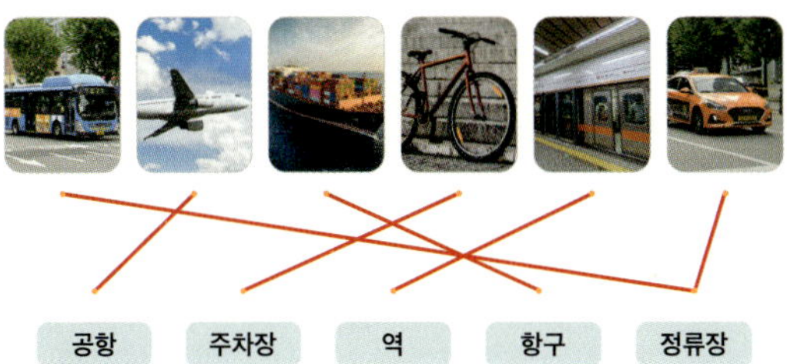

◎ 무엇을 해요? 쓰세요.

게임을 해요.

여행을 해요.

동아리 활동을 해요.

공연을 봐요.

구경해요.

등산을 해요.

■ 문법 1

◎ 문장을 만드세요.

1. 만나서
2. 요리해서
3. 써서
4. 일어나서

■ 문법 2

◎ 문장을 만드세요.

1. 제주도를 여행할 거예요.
2. 박물관을 구경할 거예요.
3. 대학로에서 연극을 볼 거예요.
4. 집에서 책을 읽을 거예요.

■ 문법 3

◎ 문장을 만드세요.

1. 마이클 씨는 친절하고 재미있어요.
2. 내일은 집을 청소하고 친구를 만나러 갈 거예요.
3. 작년에 중국어를 공부하고 중국에 여행 갔어요.
4. 친구와 같이 점심을 먹고 (같이) 커피를 마셨어요.

■ 문법 연습

◎ 문장을 만드세요.

1. 다음주 토요일에 백화점에 가서 겨울 옷을 살 거예요.
2. 내일 친구를 만나서 같이 숙제할 거예요.
3. 졸업 후에 한국 회사에 취직하고 열심히 일할 거예요.

◎ 대화를 만드세요.

1. 쇼핑하고 집에서 쉴 거예요.
2. 공부를 마치고 고향에 갈 거예요.
3. 음식이 맛있고 가격이 싸요.

모범 답안

■ 대화

◎ 질문에 대답하세요.

1. (마이 씨는) 주말에 친구를 만서 같이 영화를 볼 거예요.
2. 아니요, 민수 씨는 등산하고 집에서 쉴 거예요.

◎ 대화를 만드세요.

유진: 마이클 씨, 이번 토요일에 뭐 할 거예요?
마이클: 저는 후배를 만날 거예요.
유진: 그래요? 후배를 만나서 뭐 할 거예요?
마이클: 같이 농구를 할 거예요. 유진 씨는 뭐 할 거예요?
유진: 특별한 계획은 없어요. 방을 청소하고 텔레비전을 볼 거예요.

6과

■ 어휘와 표현

◎ 연결하세요.

휴가를 가다 | 출발하다 | 낚시하다 | 산에 올라가다

◎ 날짜, 요일, 시간을 쓰세요.

2. 유월 이십사일
3. 팔월 십일 오후 두 시
4. 시월 구일
5. 십일월 육일 오전 열 시
6. 십이월 이십육일 오전 아홉 시 사십 분

■ 문법 1

◎ 문장을 만드세요.

1. 집에서 회사까지
2. 여기에서 지하철역까지
3. 서울에서 부산까지
4. 숙소에서 인천 공항까지

■ 문법 2

◎ 문장을 만드세요.

1. 젓가락으로
2. 버스로
3. 지하철로
4. 택시로
5. 영어로

■ 문법 3

◎ 문장을 만드세요.

1. 마트에서 야채와 고기를 산 후에 집에 가서 요리합니다.
2. 점심을 먹은 후에 은행에 다녀왔습니다.
3. 아침 일찍 수영을 한 후에 출근해요.
4. 창문을 닫은 후에 에어컨을 켜세요.

■ 문법 연습

◎ 문장을 만드세요.

1. 공항에서 호텔까지 택시로 15분 걸려요.
2. 한국에서 호주까지 비행기로 몇 시간 걸려요?
3. 서울에서 부산까지 KTX로 가요.

◎ 대화를 만드세요.

1. 영화 본 후에 집에서 쉬었어요.
2. 점심 식사를 한 후에 커피를 마셔요.
3. 학교를 졸업한 후에 회사에 다녔어요.

■ 대화

◎ 질문에 대답하세요.

1. (유진 씨는) 제주도에서 마이 씨하고 한라산에 올라갈 거예요.
2. 아니요, 민수 씨는 제주도에 배로 갈 거예요.

◎ 대화를 만드세요.

다카시: 마이 씨, 부산에 가서 뭐 할 거예요? 저는 바다에서 수영할 거예요.
마이: 저는 유진 씨하고 같이 회를 먹을 거예요. 다카시 씨도 부산에 KTX로 갈 거예요?
다카시: 아니요. 저는 서울에서 부산까지 비행기로 갈 거예요.
마이: 비행기로요? 시간이 얼마나 걸려요?
다카시: 한 시간쯤 걸려요. 김포 아울렛에 가서 쇼핑을 한 후에 비행기를 탈 거예요.

7과

■ 어휘와 표현

◎ 연결하세요.

할아버지	누나	남동생	조카	아버지

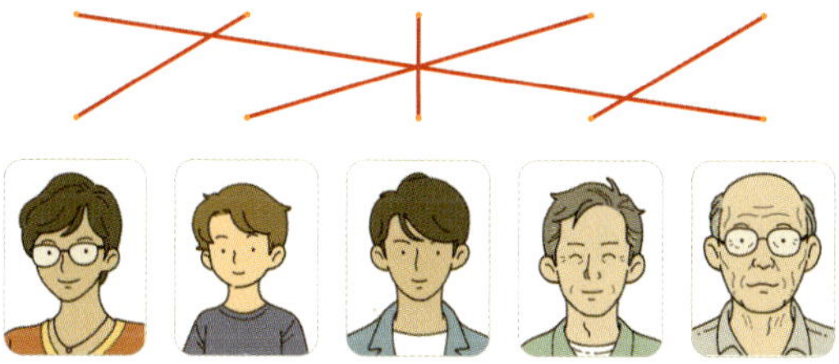

◎ 연결하세요.

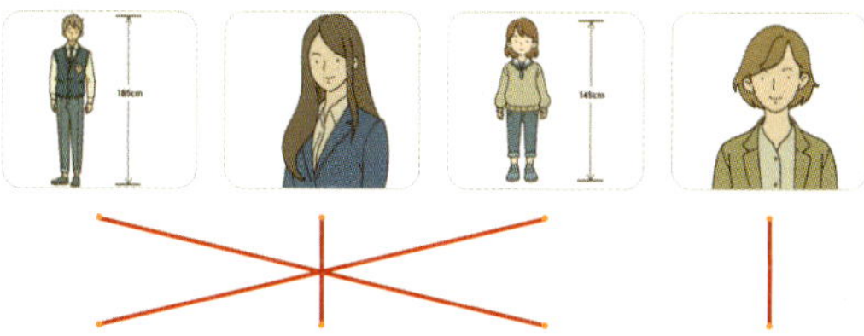

키가 작다	머리가 길다	키가 크다	머리가 짧다

■ 문법 1

◎ 문장을 만드세요.

1. 하세요?
2. 책을 읽으세요.
3. 주무셨어요.
4. 산에 올라가십니다.

■ 문법 2

◎ 문장을 만드세요.

1. 요즘 회사가 많이 바쁘네요.
2. 마이클 씨 동생은 키가 크네요.
3. 오늘 날씨가 정말 좋네요.
4. 이 식당 음식이 정말 맛있네요.

■ 문법 3

◎ 문장을 만드세요.

1. 먹고 싶어요.
2. 놀러 가고 싶어요.
3. 취직하고 싶어요.
4. 통역사가 되고 싶어요.
5. 스키를 타고 싶어요.

■ 문법 연습

◎ 문장을 만드세요.

1. 할머니께서 자전거를 타시네요.
2. 마이클 씨 어머니께서 중국어 책을 읽으시네요.
3. 할아버지께서 음식을 준비하시네요.

◎ 대화를 만드세요.

1. 학생 식당에서 먹고 싶어요.
2. 좋은 회사에 취직하고 싶어요.
3. 한국어 선생님이 되고 싶어요.

■ 대화

◎ 질문에 대답하세요.

1. 네, 그렇습니다.
2. 마이 씨 아버지께서는 키가 크시고 노래를 잘 부르십니다.

◎ 대화를 만드세요.

유진: 민수 씨, 이분이 형이에요? 민수 씨하고 닮았어요.
민수: 그분은 제 형이 아니에요. 우리 아버지세요.
유진: 진짜요? 아버지께서 젊고 멋지시네요.
민수: 고마워요. 이분은 우리 어머니세요.
유진: 어머니께서 키가 크시네요.
민수: 네. 우리 어머니는 요리를 잘하세요. 예전에 요리사셨어요.
유진: 와! 저도 유진 씨 어머니 음식을 먹고 싶어요.

8과

■ 문화

◎ 질문에 대답하세요.

1. 고개를 살짝 숙이는 인사, 무릎을 꿇고 앉아서 허리와 머리를 깊이 숙이는 인사, 손을 흔드는 인사, 악수로 하는 인사
2. 절(무릎을 꿇고 앉아서 허리와 머리를 깊이 숙이는 인사, 손을 흔드는 인사)

모범 답안

■ 복습

◎ 다음 문제를 풀어 보세요.

1. ④	2. ③	3. ②	4. ④	5. ①
6. ③	7. ①	8. ④	9. ③	10. ④
11. ③	12. ③	13. ③	14. ②	15. ①
16. ①	17. ④	18. ②	19. ①	20. ③

9과

■ 어휘와 표현

◎ 연결하세요.

매일 / 일주일에 4번 / 한 달에 1번 / 1년에 0번

전혀 / 늘 / 자주 / 가끔

◎ 맛이 어때요? 쓰세요.

1. 시어요.
2. 짜요.
3. 써요.
4. 달아요.
5. 매워요.

■ 문법 1

◎ 문장을 만드세요.

1. 농구할까요?
2. 차 마시러 갈까요?
3. 만날까요?
4. 먹을까요?

■ 문법 2

◎ 문장을 만드세요.

1. 저는 등산을 자주 하지 않아요.
2. 이 가게는 일요일에 문을 열지 않아요.
3. 다음 주 금요일은 근무하지 않아요.
4. 지난 주말에 영화를 보지 않았어요.

■ 문법 3

◎ 문장을 만드세요.

1. 내일부터 일찍 나올게요.
2. 읽을게요.
3. 예매할게요.
4. 오늘 청소할게요.

■ 문법 연습

◎ 문장을 만드세요.

1. 우리 한국 드라마 볼까요?
2. 친구와 같이 스키장에 갈까요?
3. 저녁에 같이 공원을 걸을까요?

◎ 대화를 만드세요.

1. 나중에 연락할게요.
2. 이메일을 보낼게요.
3. 맵지 않게 요리할게요.

■ 대화

◎ 질문에 대답하세요.

1. 아니요, 다카시 씨가 주문합니다.
2. 학생 식당이 값도 싸고 음식이 맛있습니다.

◎ 대화를 만드세요.

마이클: 마이 씨 뭐 먹고 싶어요?
마이: 저는 돈가스가 먹고 싶어요.
마이클: 잠깐만요. 제가 주문할게요.
마이: 그런데 마이클 씨는 이탈리아 식당에 자주 와요?
마이클: 네, 자주 와요. 분위기도 좋고 와인이 맛있어요.
마이: 그렇군요. 그럼 내일 또 올까요?
마이클: 좋아요. 내일 또 같이 와요.

10과

■ 어휘와 표현

◎ 연결하세요.

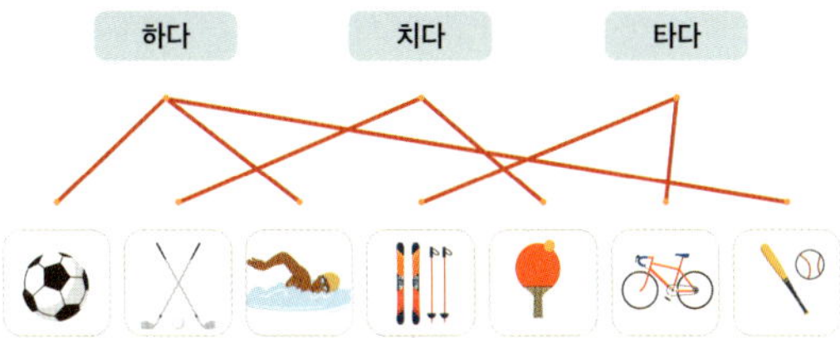

◎ 날씨가 어때요? 쓰세요.

1. 더워요. /덥습니다.
2. 비가 내려요. / 비가 내립니다.
3. 추워요. /춥습니다.
4. 바람이 불어요. / 바람이 붑니다.

■ 문법 1

◎ 문장을 만드세요.

1. 저는 자전거를 탈 수 있어요.
   제 동생은 자전거를 탈 수 없어요.
2. 민수 씨는 매운 음식을 먹을 수 있어요.
   나오 씨는 매운 음식을 먹을 수 없어요.
3. 저는 산책을 좋아해요. 오랫동안 걸을 수 있어요.
   지금 다리가 아파요. 그래서 걸을 수 없어요.

■ 문법 2

◎ 문장을 만드세요.

1. 태권도를 해 봤어요.
2. 한복을 입어 봤어요.
3. 김치볶음밥을 만들어 봤어요.
4. 부산에 가 봤어요.
5. 한국 민요 '아리랑'을 들어 봤어요.

■ 문법 3

◎ 문장을 만드세요.

1. 가세요.
2. 드세요.
3. 넣으세요.
4. 기다리세요.

■ 문법 연습

◎ 문장을 만드세요.

1. 한강공원에서 컵라면을 먹어 봤어요.
2. 수업에서 한국어로 발표해 봤어요.
3. SNS에서 한국 사람과 문자로 대화를 해 봤어요.

◎ 대화를 만드세요.

1. 가: 김치를 먹을 수 있어요?
   나: 아니요, 먹을 수 없어요.
2. 가: K-pop 춤을 출 수 있어요?
   나: 네, 춤을 출 수 있어요.
3. 가: 주말에 우리 집에 올 수 있어요?
   나: 네, 갈 수 있어요. / 아니요, 갈 수 없어요.

■ 대화

◎ 질문에 대답하세요.

1. 아니요, 오늘 처음 스키를 탔습니다.
2. 네, 그렇습니다.

◎ 대화를 만드세요.

마이클: 민수 씨, 이제 이쪽으로 오세요.
민수: 아이고. 힘들어.... 마이클 씨는 야구를 잘하네요.
마이클: 고향에는 어린이 야구팀이 많아요. 그래서 어린이들도 야구를 할 수 있어요.
민수: 그렇군요. 저는 오늘 처음 야구를 해 봤어요. 그런데 재미있네요.
마이클: 다음에는 크리킷을 해 보세요. 그것도 재미있어요.
민수: 좋아요. 다음에는 크리킷을 해 볼게요.

11과

■ 어휘와 표현

◎ 연결하세요.

모범 답안

◎ 어떻게 인사해요? 쓰세요.

1. 생신을 축하드립니다.
2. 졸업을 축하합니다.
3. 생일 축하해요.
4. 입학을 축하해요.

■ 문법 1

◎ 문장을 만드세요.

1. 8월은 한국에서 여름이지요?
2. 마이 씨는 요즘 일이 많지요?
3. 부모님께서는 제주도에 여행하러 가셨지요?
4. 친구를 만나서 같이 영화를 볼 거죠?

■ 문법 2

◎ 문장을 만드세요.

1. 마이 씨가 선생님께 질문했어요.
2. 민수가 마이클에게 문자를 보냈어요.
3. 저는 동생에게 중국어를 가르쳐요.

■ 문법 3

◎ 문장을 만드세요.

1. 반도체를 만드는
2. 많이 오는
3. 시원하고 예쁜

■ 문법 연습

◎ 문장을 만드세요.

1. 마이클 씨도 야구장에 자주 가지요?
2. 눈이 안 내리지요?
3. 지난주에 휴가를 다녀왔지요?

◎ 대화를 만드세요.

1. 마이클 씨가 다니는
2. 유미 씨가 지금 먹는
3. 다카시 씨는 예의 바르고 친절한 사람이에요.

■ 대화

◎ 질문에 대답하세요.

1. 화요일이 민수 씨 생일이에요. 화요일에 민수 씨 생일 파티를 할 거예요.
2. 민수 씨는 장미꽃을 받을 거예요.

◎ 대화를 만드세요.

마이: 유진 씨의 대학원 졸업식이 이번 주 토요일이지요? 뭘 선물할 거예요?

민수: 저는 예쁜 꽃다발을 준비했어요. 마이 씨는요?

마이: 저는 티셔츠를 선물하고 싶어요. 그런데 유진 씨가 좋아하는 색을 몰라요.

민수: 유진 씨는 파란색을 좋아해요. 제가 전에 유진 씨한테서 들었어요.

마이: 그럼 저는 파란 티셔츠를 준비할게요. 그런데 유진 씨 졸업 축하 파티는 어디에서 해요?

민수: 저도 몰라요. 제가 유진 씨한테 물어볼게요.

12과

■ 어휘와 표현

◎ 연결하세요.

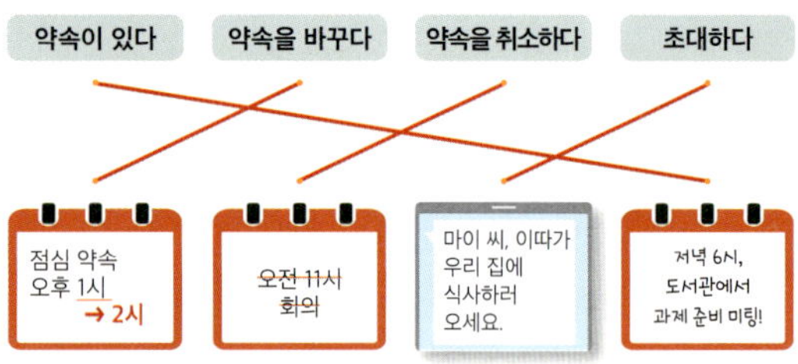

◎ 어떻게 연락해요? 쓰세요.

1. 문자를 입력해요. /문자를 입력합니다.
2. 전화로 연락해요. / 전화로 연락합니다.
3. 연락처
4. 이메일을 써요. / 이메일을 씁니다.

■ 문법 1

◎ 문장을 만드세요.

1. 자고 있어요.
2. 음악을 듣고 있었어요.
3. 머리를 감고 있어요.
4. 산책을 하고 있어요.
5. 통화하고 있어요.

■ 문법 2

◎ 문장을 만드세요.

1. 수업을 마치면
2. 음식이 싱거우면

3. 날씨가 좋으면
4. 꽃을 선물하면
5. 한국말을 잘하면

■ 문법 3

◎ 문장을 만드세요.

1. 들어 볼래요?
2. 의자에 앉을래요?
3. 걸어서 갈래요.
4. 치마를 입을래요.

■ 문법 연습

◎ 문장을 만드세요.

1. 이따가 회의가 끝나면 나한테 연락하세요.
2. 학교를 졸업하면 고향으로 돌아갈 거예요. /학교를 졸업하면 고향으로 돌아가고 싶어요.
3. 돈을 많이 벌면 무엇을 하고 싶어요? / 돈을 많이 벌면 무엇을 할 거예요?

◎ 대화를 만드세요.

1. 청소할래요?
2. 누가 연락할래요?
3. 놀러 갈래요.

■ 대화

◎ 질문에 대답하세요.

1. 다카시 씨는 지금 학교 과제를 하고 있습니다.
2. 민수는 다카시를 생일 파티에 초대하고 싶어요.

◎ 대화를 만드세요.

유진: 여보세요? 마이 씨, 지금 뭐 해요?
마이: 내일 통역 회의가 있어요. 그래서 준비하고 있어요.
유진: 아, 그러면 많이 바쁘겠군요.
마이: 아니에요. 준비를 거의 다 했어요. 그런데 왜요?
유진: 시간이 되면 내일 저녁에 우리 집에 놀러 올래요?
마이: 좋지요. 그런데 혹시 내일 무슨 날이에요?
유진: 사실은 제가 이사를 했어요. 그래서 가까운 친구들을 집에 초대하고 싶어요.

13과

■ 어휘와 표현

◎ 연결하세요.

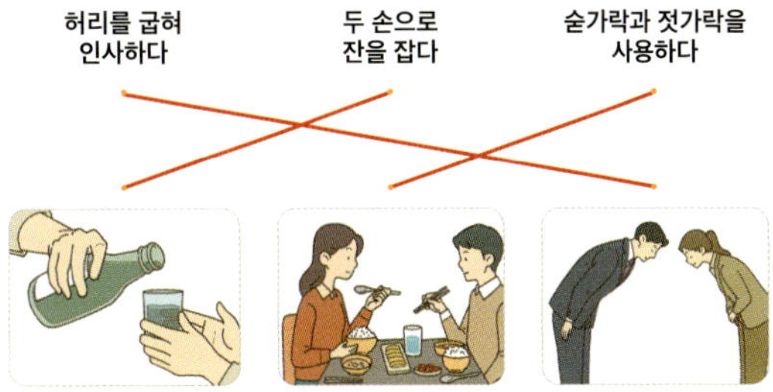

◎ 무엇이 맞아요? 쓰세요.

1. 느껴요. /느낍니다.
2. 이해해요./ 이해합니다.
3. 받아요. / 받습니다.
4. 달라요. / 다릅니다.

■ 문법 1

◎ 대화를 만드세요.

1. 친구를 만날 때
2. 감기에 걸렸을 때
3. 혼자 밥을 먹을 때
4. 날씨가 추울 때

■ 문법 2

◎ 대화를 만드세요.

1. 한국어로 말해야 합니다.
2. 오늘 일찍 자야 합니다.
3. 안전벨트를 매야 합니다.
4. 운동을 해야 합니다.
5. 여권이 있어야 합니다.

■ 문법 3

◎ 대화를 만드세요.

1. 지하철에서 큰소리로 통화를 하면 안 돼요.
2. 한국에서는 밥그릇을 손에 들고 먹으면 안 돼요.
3. 집 안에 신발을 신고 들어가면 안 돼요.
4. 수영하기 전에 준비 운동을 안 하면 안 돼요.

모범 답안

■ 문법 연습

◎ 문장을 만드세요.

1. 여기에서 담배를 피우면 안 됩니다.
2. 여기에서 통화를 하면 안 됩니다.
3. 여기에서 사진을 찍으면 안 됩니다.

◎ 대화를 만드세요.

1. 지하철을 타야 해요.
2. 경찰서에 연락해야 해요.
3. 식사한 후에 먹어야 해요.

■ 대화

◎ 질문에 대답하세요.

1. 한국 사람 집을 방문할 때 주의해야 하는 것을 알고 싶어요.
2. 한국에서 식사할 때는 어른이 먼저 식사를 시작한 후 식사를 시작해야 해요. 그리고 밥그릇을 손에 들고 먹으면 안 돼요.

◎ 대화를 만드세요.

유진: 민수 씨, 오늘 제가 회사 회식에 처음 참석해요. 회식에 참석할 때 주의해야 할 게 있어요?

민수: 한국의 음주 문화를 알아야 해요.

유진: 좀 가르쳐 주세요.

민수: 술을 받을 때 한 손으로 받으면 안 돼요. 두 손으로 받아야 해요.

유진: 그건 알고 있어요. 그리고 또 뭘 주의해야 해요?

민수: 윗사람과 술을 마실 때는 몸을 돌려서 마셔야 해요.

유진: 아, 그래요? 그건 몰랐어요. 알려줘서 고마워요.

14과

■ 어휘와 표현

◎ 연결하세요.

할인하다　다 떨어지다　장을 보다　가격이 싸다

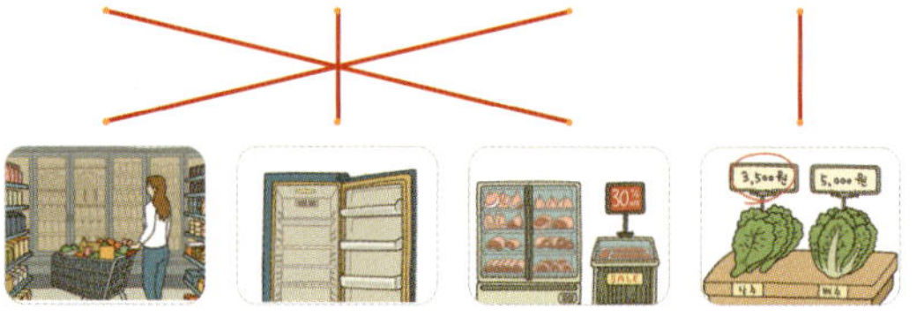

◎ 어떻게 수를 세요? 쓰세요.

1. 잔
2. 마리
3. 명
4. 개

■ 문법 1

◎ 문장을 만드세요.

1. 재미있어서
2. 비가 와서
3. 커피를 좋아해서
4. 오늘은 주말이라서
5. 배가 고파서

■ 문법 2

◎ 문장을 만드세요.

1. 민수는 스키를 타지 못해요.
2. 제 동생은 한국어를 읽지 못해요.
3. 마이는 영어를 잘하지 못해요.
4. 다카시는 케이크를 만들지 못해요.

■ 문법 3

◎ 문장을 만드세요.

1. 방이 좁지만 깨끗해요.
2. 편의점은 집에서 가깝지만 마트보다 물건 값이 비쌉니다.
3. 회사 일이 어렵지만 재미있어요.
4. 언니는 키가 크지만 저는 키가 작아요.

■ 문법 연습

◎ 문장을 만드세요.

1. 아버지께서는 야구를 좋아하시지만 어머니께서

는 야구를 싫어하세요.
2. 마이클은 바쁘지만 매일 운동을 해요.
3. 한국어 공부는 쉽지 않지만 저는 열심히 공부해요.

◎ 대화를 만드세요.

1. 근무 환경이 좋아서 한국 회사에 취직하고 싶어요.
2. 새로운 프로젝트를 시작해서 바빠요.
3. 지하철이 편하고 빨라서 자동차를 안 타고 다녀요.

■ 대화

◎ 질문에 대답하세요.

1. 마이는 마트에 장 보러 갑니다.
2. 아니요, 마이는 직접 보고 사는 것을 좋아합니다.

◎ 대화를 만드세요.

다카시: 민수 씨, 안녕하세요? 어디에 가요?
민수: 장을 보러 시장에 가요. 요즘 시간이 없어서 장을 보지 못했어요.
다카시: 그랬군요. 저는 마트에 물건이 많아서 시장보다 마트를 더 좋아해요.
민수: 저는 시장에서 구경하는 것을 좋아해서 마트보다 시장을 더 좋아해요.
다카시: 그렇군요. 오늘은 시장에서 뭘 살 거예요?
민수: 음, 과일이랑 생선, 그리고 소고기 한 근을 살 거예요.

15과

■ 문화

◎ 질문에 대답하세요.

1. 식사 전에는 "잘 먹겠습니다."라고 인사하고 식사 후에는 "잘 먹었습니다."라고 인사합니다.
2. 식사 전과 후에 감사 인사를 합니다. 식사할 때 숟가락과 젓가락을 사용합니다. 숟가락과 젓가락을 한손에 같이 들고 먹지 않습니다. 밥그릇을 손에 들고 먹지 않습니다. 음식을 먹을 때 소리를 내지 않습니다.

■ 복습

◎ 다음 문제를 풀어 보세요.

1. ④	2. ①	3. ①	4. ③	5. ②
6. ④	7. ②	8. ①	9. ③	10. ④
11. ②	12. ③	13. ④	14. ③	15. ②
16. ④	17. ④	18. ④		

16과

■ 종합 연습

◎ 문제를 풀 어보세요.

1. ①	2. ①	3. ②	4. ④	5. ③
6. ④	7. ③	8. ③	9. ②	10. ②
11. ③	12. ③	13. ④	14. ②	15. ④
16. ③	17. ②	18. ①	19. ②	20. ②
21. ②	22. ②	23. ③	24. ④	25. ③
26. ①	27. ②	28. ①	29. ②	30. ④
31. ④	32. ③	33. ④	34. ③	35. ①

어휘 색인

어휘 색인

초급 한국어 1 208 어휘 색인

문법 색인

집필

진정란
사이버한국외국어대학교 한국어학부 교수

이민우
사이버한국외국어대학교 한국어학부 교수

노채환
사이버한국외국어대학교 한국어학부 교수

송은정
사이버한국외국어대학교 한국어학부 교수

허원진
사이버한국외국어대학교 한국어학부 겸임교수

허은혜
사이버한국외국어대학교 한국어학부 강사

안유진
파리시테대학교 한국학과 전임강사

정민수
한국외국어대학교 한국어문화교육원 강사

초급 한국어 1

초판 1쇄 발행 2026년 1월 1일

지은이 사이버한국외국어대학교 한국어학부
펴낸이 박영호, 박민우
기획팀 송인성, 김선명, 김선호
편집팀 박우진, 김영주, 김정아, 최미라, 전혜련, 박미나
관리팀 임선희, 정철호, 김성언, 권주련
펴낸곳 (주)도서출판 하우

주소 서울시 중랑구 망우로68길 48
전화 (02)922-7090
팩스 (02)922-7092
홈페이지 http://www.hawoo.co.kr
e-mail hawoo@hawoo.co.kr
등록번호 제2016-000017호

값 25,000원
ISBN 979-11-6748-275-4 14710
ISBN 979-11-6748-274-7 (set)